聚一句：我的造句遊戲書

（第二版）

（第二冊）

孟瑛如、郭興昌、鄭雅婷、吳登凱、張麗琴　著

作者簡介

孟瑛如

學歷：美國匹茲堡大學特殊教育博士

現職：國立清華大學特殊教育學系教授

專長：學習障礙、情緒行為障礙

郭興昌

學歷：國立雲林科技大學漢學研究所碩士

現職：雲林縣大東國小總務主任

鄭雅婷

學歷：國立嘉義大學特殊教育學系學士

現職：雲林縣石榴國小特教教師

吳登凱

學歷：南華大學教育社會學研究所碩士

現職：雲林縣石榴國小特教教師

張麗琴

學歷：國立屏東大學特殊教育學系學士

現職：雲林縣莿桐國小特教教師

這是________________________________的遊戲書

我從______年______月______日開始使用這本書

目次

- 認識並練習「只有……」的句子 …… 1
- 認識並練習「一下子……一下子……」的句子 …… 9
- 認識並練習「除了……還……」的句子 …… 17
- 認識並練習「當……就……」的句子 …… 25
- 認識並練習「因為……所以……」的句子 …… 33
- 認識並練習「只要……就……」的句子 …… 41
- 認識並練習「一邊……一邊……」的句子 …… 49
- 認識並練習「比……還……」的句子 …… 57
- 認識並練習「一……就……」的句子 …… 65
- 認識並練習「又……又……」的句子 …… 73
- 認識並練習「有……有……也有……」的句子 …… 81
- 認識並練習「不但……還……」的句子 …… 89
- 認識並練習「等……早就……」的句子 …… 97
- 認識並練習「不管……都……」的句子 …… 105
- 認識並練習「不只……還……」的句子 …… 113
- 認識並練習「雖然……但是……」的句子 …… 121
- 認識並練習「先……再……最後……」的句子 …… 129
- 認識並練習「原來……是……」的句子 …… 137

認識並練習「只有……」的句子

今天是　月　日，我認識了以下這些句子。

＊認識「只有……」的句子。

1\. 我們只有一個地球，所以要好好珍惜。

2\. 家裡只有媽媽在工作，我應該要幫忙做家事。

3\. 教室裡只有小美在擦黑板，我應該要幫助她。

4\. 外婆家只有她一個人，我們應該要常常回去陪她。

今天是　　月　　日，我練習了以下這些句子。

＊塗塗看：請將適合句子的語詞塗上顏色。

我們

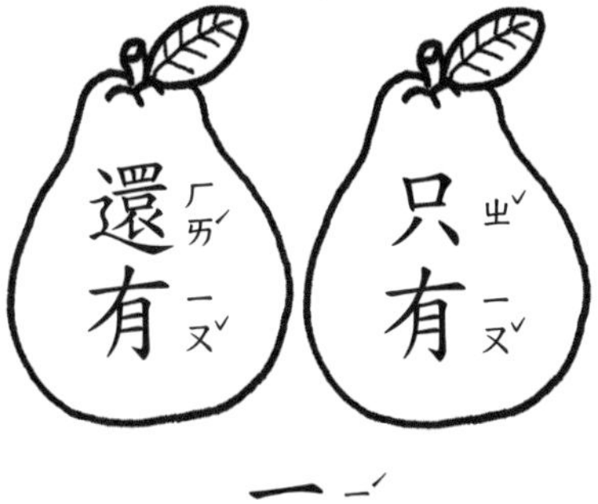

一個地球，所以要好好珍惜。

家裡只有媽媽在工作，我應該要

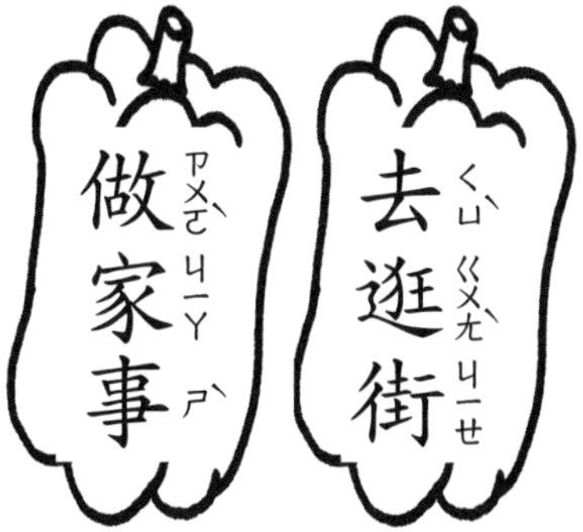

幫忙。

教室裡只有小美在

，我應該要幫助她。

外婆家只有她一個人，

應該要常常回去陪她。

我的表現：☆☆☆☆☆☆☆☆☆☆

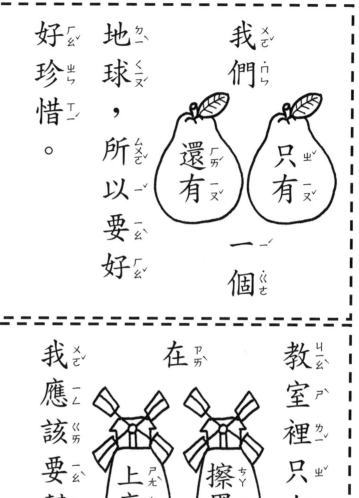

今天是　　月　　日，我會說出或寫出一個完整的句子。

*句子迷宮：請從起點開始，將語詞連成一個完整的句子。走到終點後，記得將完整的句子寫在格子裡。

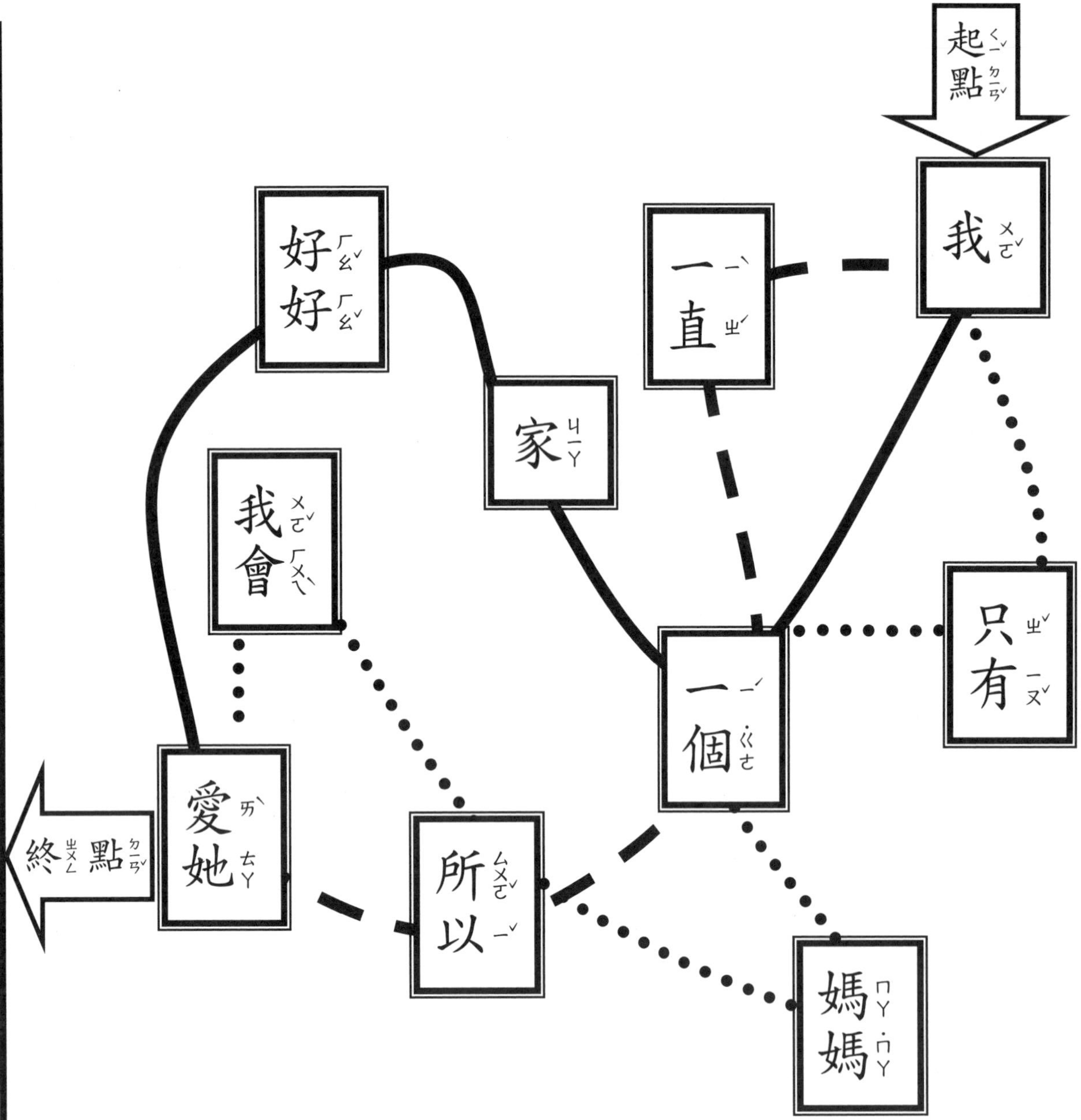

我的表現：

☆☆☆☆☆☆☆☆☆☆

今天是　月　日，我會說出或寫出一個完整的句子。

*組合火車：請將適當的語詞填入火車車廂裡，讓它變成通順的句子！

一直　地球　爸爸　會　哥哥　我們　一個　環境　要　所以　只有　好好　珍惜

我的表現：

☆☆☆☆☆☆☆☆☆☆

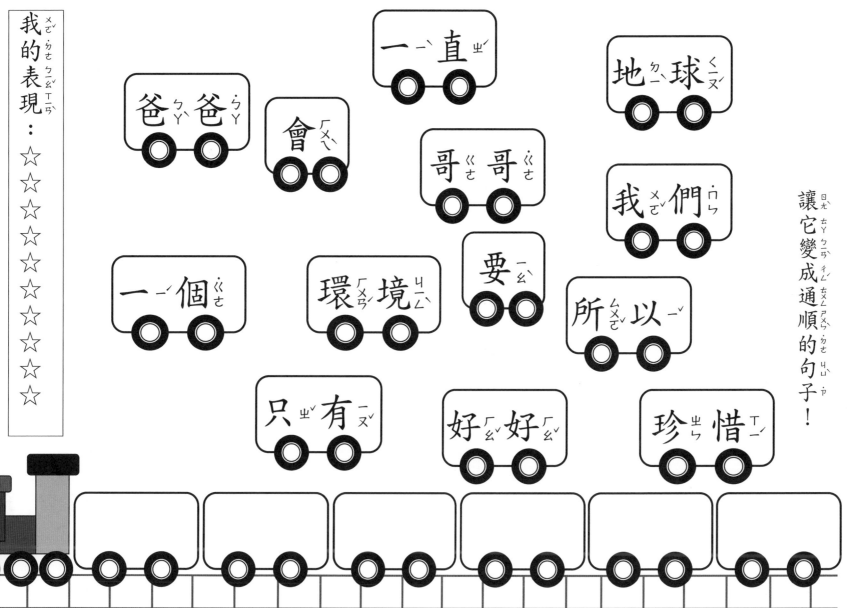

今天是　月　日，我練習了以下這些句子。

自我挑戰：請寫出適當的語詞，讓句子唸起來通順。

1. 只有　。

2. 只有　。

3. 只有　。

4. 只有　。

5. 只有　。

我的表現：☆☆☆☆☆☆☆☆☆☆

品格教育學習單 1

*想想看，目前所擁有的人事物，有什麼是我們應該要好好珍惜的？

例句：我們只有一個地球，所以我會好好珍惜。

我們只有______，所以我會好好珍惜。

我們只有______，所以我會______。

我們只有______，所以我會______。

我只有______，所以我會______。

我只有______，所以我會______。

今天是　月　日，我學會珍惜。

品格教育學習單 2

*想出好方法：我該如何做到「珍惜地球」呢？

老師提供的好方法：

我不亂丟垃圾。

在外用餐時，我要自備環保杯、筷。

我的想法：把想到的事情，寫或畫出來吧！

認識並練習「一下子……一下子……」的句子

今天是　　月　　日，我認識了以下這些句子。

*認識「一下子……一下子……」的句子。

1. 弟弟一下子玩積木，一下子畫畫，結果作業到現在還沒寫完。

2. 妹妹一下子看書，一下子看電視，一直到現在那一本書還沒看完。

3. 哥哥一下子騎車，一下子滑手機，差點發生車禍。

4. 媽媽一下子掃地，一下子收拾桌子，真是辛苦。

今天是　　月　　日，我練習了以下這些句子。

*塗塗看：請將適合句子的語詞塗上顏色。

弟弟

不小心
一下子

玩積木，一下子畫畫，結果作業到現在還沒寫完。

妹妹一下子

看書
蛋糕

，一下子看電視，一直到現在那一本書還沒看完。

哥哥一下子騎車，

一下子
一輩子

滑手機，差點發生車禍。

媽媽一下子掃地，一下子

收拾桌子
游手好閒

，真是辛苦。

我的表現：☆☆☆☆☆☆☆☆☆☆

今天是　月　日，我會說出或寫出一個完整的句子。

＊句子迷宮：請從起點開始，將語詞連成一個完整的句子。走到終點後，記得將完整的句子寫在格子裡。

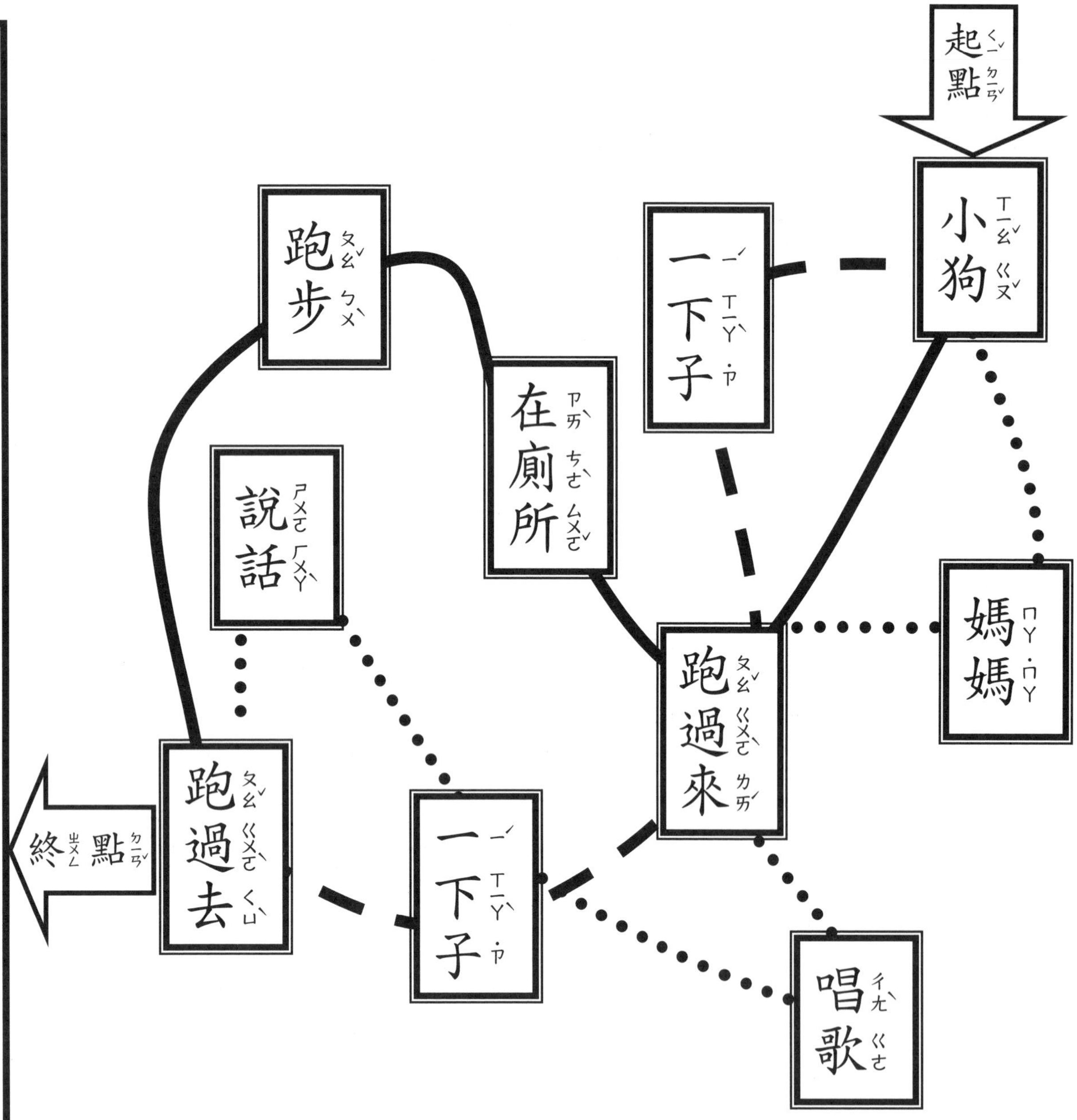

我的表現：☆☆☆☆☆☆☆☆☆☆

今天是　月　日，我會說出或寫出一個完整的句子。

*組合火車：請將適當的語詞填入火車車廂裡，讓它變成通順的句子！

一直　掃地　媽媽　看　哥哥　跳舞　一下子　洗衣服　書　唱歌　辛苦　真是　一下子

我的表現：☆☆☆☆☆☆☆☆☆☆

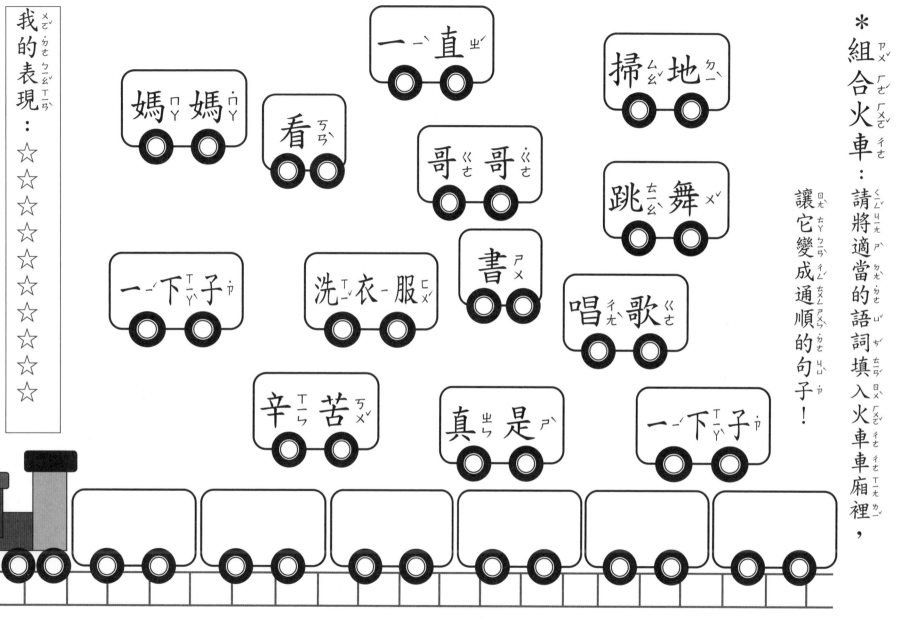

今天是　月　日，我練習了以下這些句子。

自我挑戰：請寫出適當的語詞，讓句子唸起來通順。

1. ＿＿一下子＿＿，一下子＿＿。

2. ＿＿一下子＿＿，一下子＿＿。

3. ＿＿一下子＿＿，一下子＿＿。

4. ＿＿一下子＿＿，一下子＿＿。

5. ＿＿一下子＿＿，一下子＿＿。

我的表現：☆☆☆☆☆☆☆☆☆☆

品格教育學習單 1

*想想看，如果你一下子做這個事情，一下子做那個事情，沒有定性，結果會如何呢？

例句：我一下子看電視，一下子寫作業，結果沒有寫完作業，所以我以後會專心寫作業。

我一下子看書，一下子玩玩具，結果______，所以我以後會專心。

我一下子______，一下子______，結果______，所以我以後會專心。

我一下子______，一下子______，結果______，所以我以後會專心。

今天是　　月　　日，我學會反省自己。

品格教育學習單 2

*想出好方法：遇到事情，我會「反省自己」。

老師提供的好方法：

早上賴床遲到，我應該要早睡早起。

找不到需要的東西，我以後要把東西收拾好。

我的想法：把想到的事情，寫或畫出來吧！

認識並練習「除了……還……」的句子

今天是　月　日，我認識了以下這些句子。

＊認識「除了……還……」的句子。

1. 郵差除了要送信，還要分類郵件。
2. 老師除了要上課，還要照顧學生。
3. 媽媽除了要上班，還要做家事。
4. 我除了要寫功課，還要倒垃圾。
5. 農夫除了要種菜，還要除草。

今天是　　月　　日，我練習了以下這些句子。

＊塗塗看：請將適合句子的語詞塗上顏色。

郵差

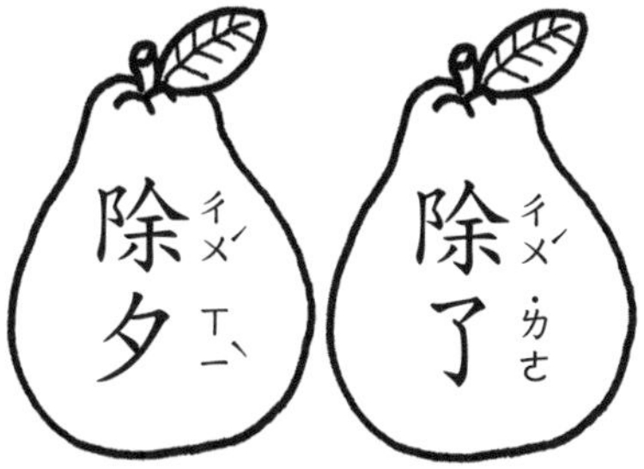

要送信，還要分類郵件。

媽媽除了要

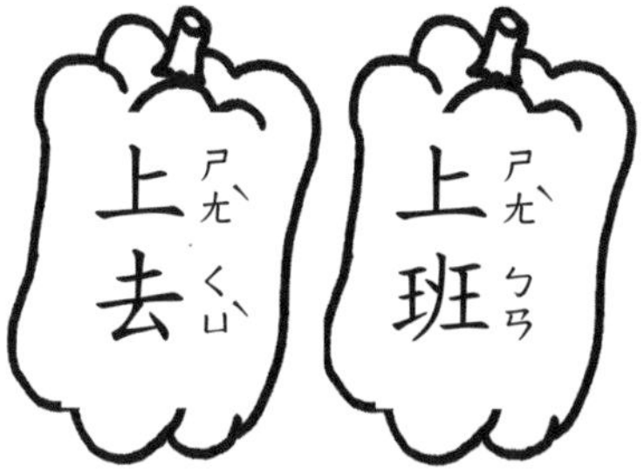

，還要做家事。

老師除了要上課，

照顧學生。

我除了要寫功課，還要

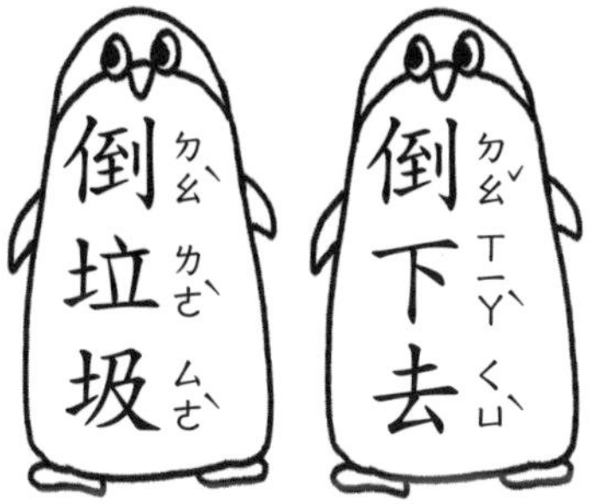

。

我的表現：☆☆☆☆☆☆☆☆☆☆

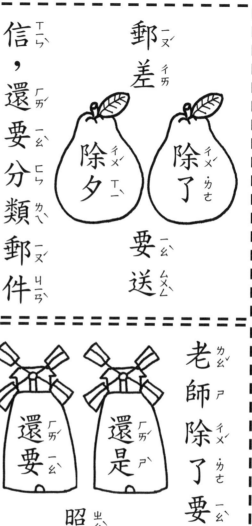

今天是　月　日，我會說出或寫出一個完整的句子。

＊句子迷宮：請從起點開始，將語詞連成一個完整的句子。走到終點後，記得將完整的句子寫在格子裡。

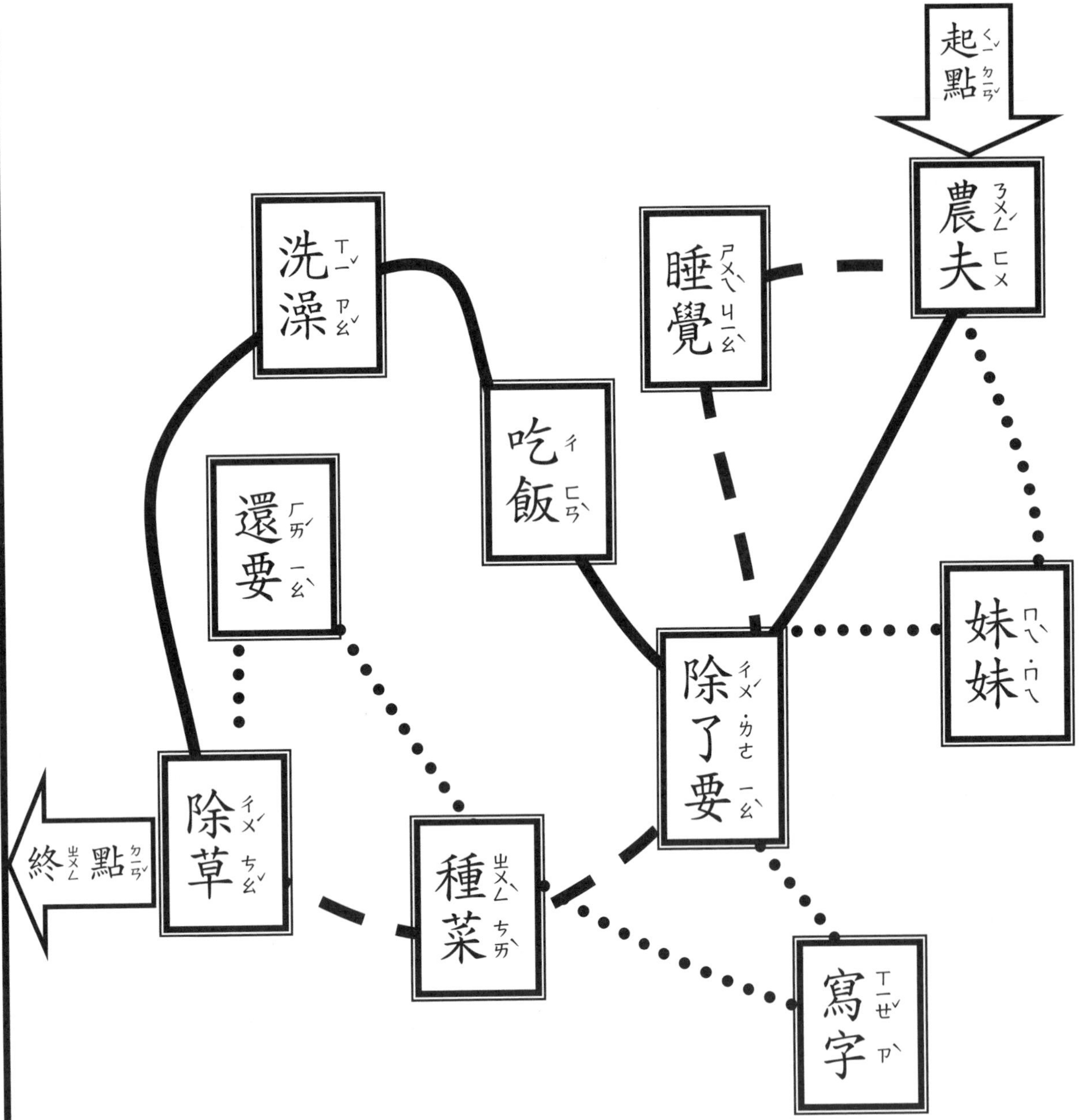

我的表現：☆☆☆☆☆☆☆☆☆☆

今天是　月　日，我會說出或寫出一個完整的句子。

*組合火車：請將適當的語詞填入火車車廂裡，讓它變成通順的句子！

馬路上　一直　車子　在　哥哥　我們　吃　紅綠燈　除了有　還有　行人　還是　一下子

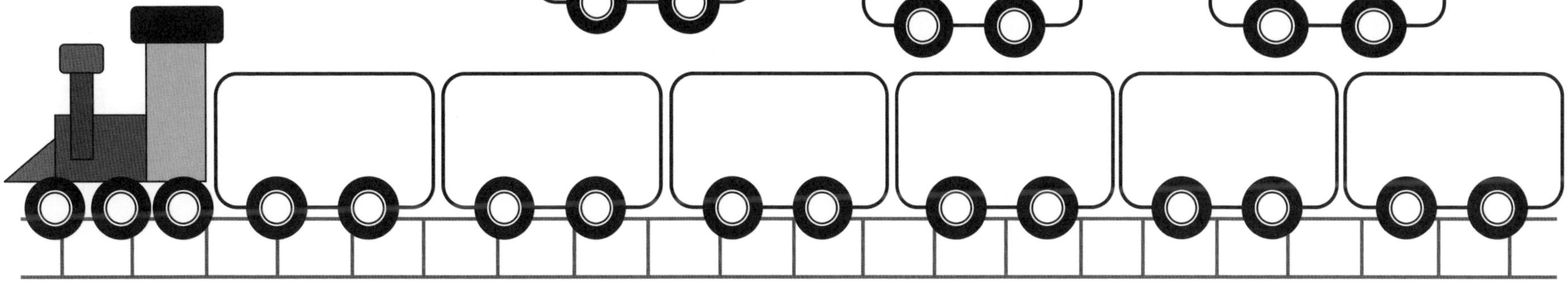

我的表現：☆☆☆☆☆☆☆☆☆☆

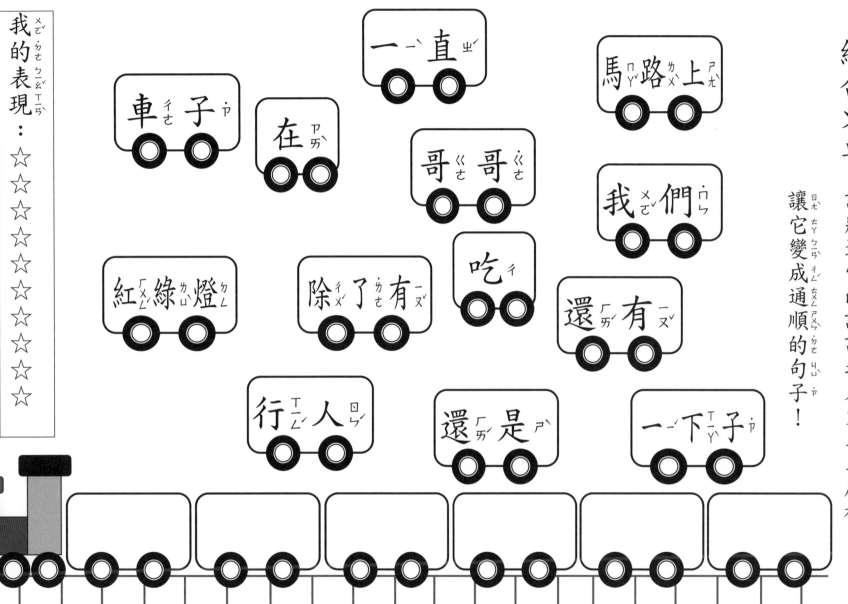

今天是　月　日，我練習了以下這些句子。

自我挑戰：請寫出適當的語詞，讓句子唸起來通順。

1. 除了＿＿＿＿，還＿＿＿＿。

2. 除了＿＿＿＿，還＿＿＿＿。

3. 除了＿＿＿＿，還＿＿＿＿。

4. 除了＿＿＿＿，還＿＿＿＿。

5. 除了＿＿＿＿，還＿＿＿＿。

我的表現：☆☆☆☆☆☆☆☆☆☆

品格教育學習單 1

＊想想看，身邊的人為你付出了什麼，是值得我們感恩的？

例句：媽媽除了上班，還要照顧我。

爸爸除了＿＿＿＿，還要＿＿＿＿。

＿＿＿＿除了＿＿＿＿，還要＿＿＿＿。

＿＿＿＿除了＿＿＿＿，還要＿＿＿＿。

＿＿＿＿除了＿＿＿＿，還要＿＿＿＿。

＿＿＿＿除了＿＿＿＿，還要＿＿＿＿。

今天是　　月　　日，我學會感恩。

品格教育學習單 2

*想出好方法：我懂得「感恩」，所以我會……

老師提供的好方法：

媽媽照顧我們很辛苦，所以我會幫忙做家事。

奶奶煮菜很辛苦，所以我會聽奶奶的話。

我的想法：把想到的事情，寫或畫出來吧！

認識並練習「當……就……」的句子

今天是　　月　　日，我認識了以下這些句子。

*認識「當……就……」的句子。

1. 當生病時，我就會想多休息。

2. 當下課鐘響時，同學們就立刻跑出去玩。

3. 當下雨的時候，媽媽就會來接我。

4. 當鬧鐘響起時，哥哥就會自己起床。

5. 當我回到家時，奶奶就會來抱抱我。

今天是　　月　　日，我練習了以下這些句子。

＊塗塗看：請將適合句子的語詞塗上顏色。

當
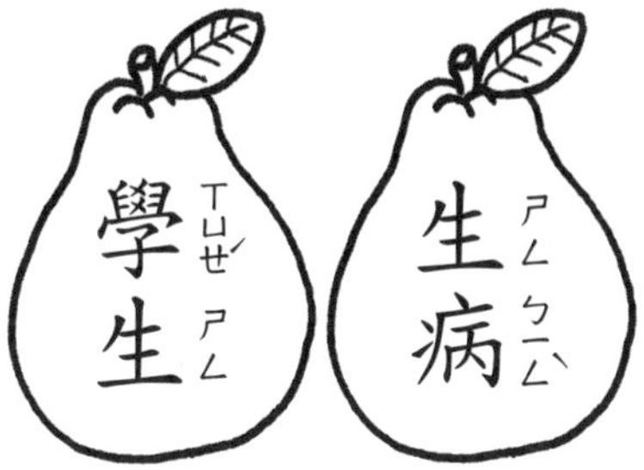

時，我就會想多休息。

當下課鐘響時，

就立刻跑出去玩。

當下雨的時候，媽媽
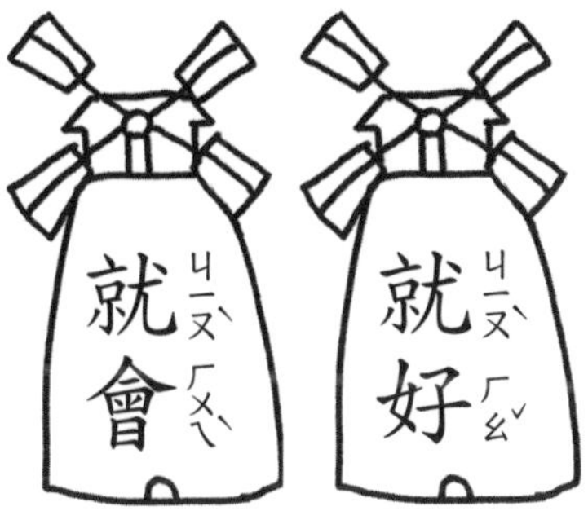

來接我。

當鬧鐘響起時，哥哥就會自己

。

我的表現：

☆☆☆☆☆☆☆☆☆☆

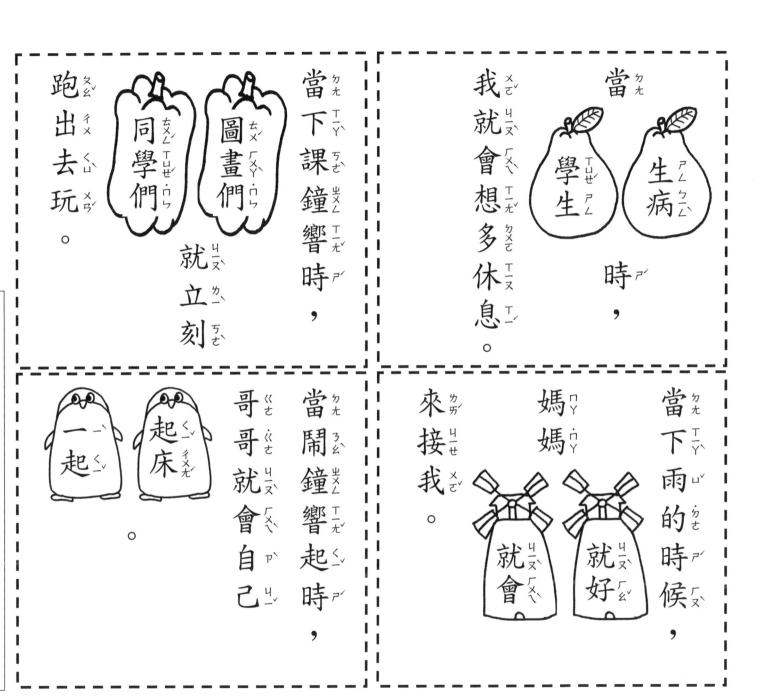

今天是　月　日，我會說出或寫出一個完整的句子。

＊句子迷宮：請從起點開始，將語詞連成一個完整的句子。走到終點後，記得將完整的句子寫在格子裡。

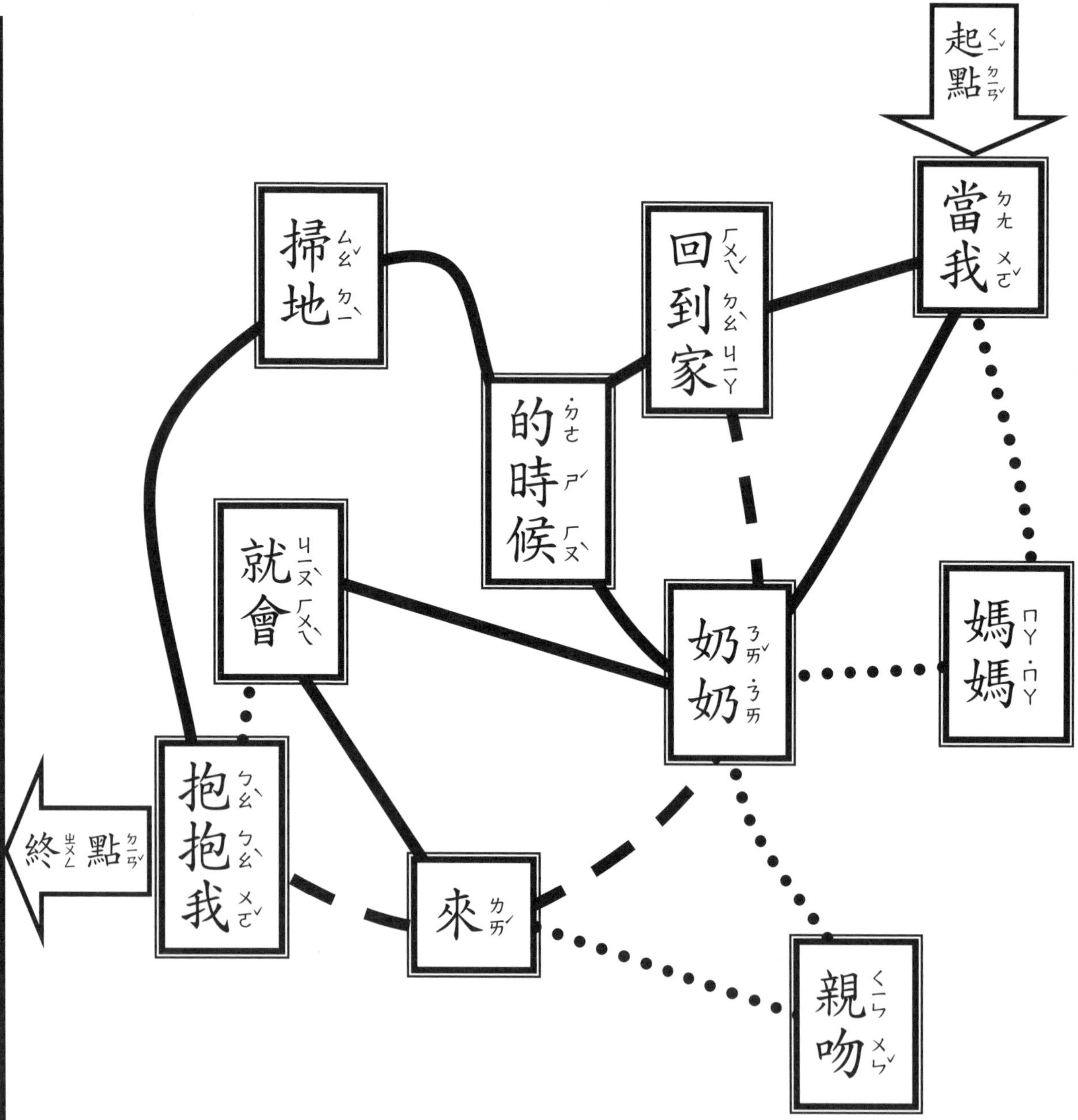

我的表現：☆☆☆☆☆☆☆☆☆☆

今天是　月　日，我會說出或寫出一個完整的句子。

＊組合火車：請將適當的語詞填入火車車廂裡，讓它變成通順的句子！

爸爸　找　當我　老師　媽媽　問題時　只有　他　就會　遇到　只好　幫忙

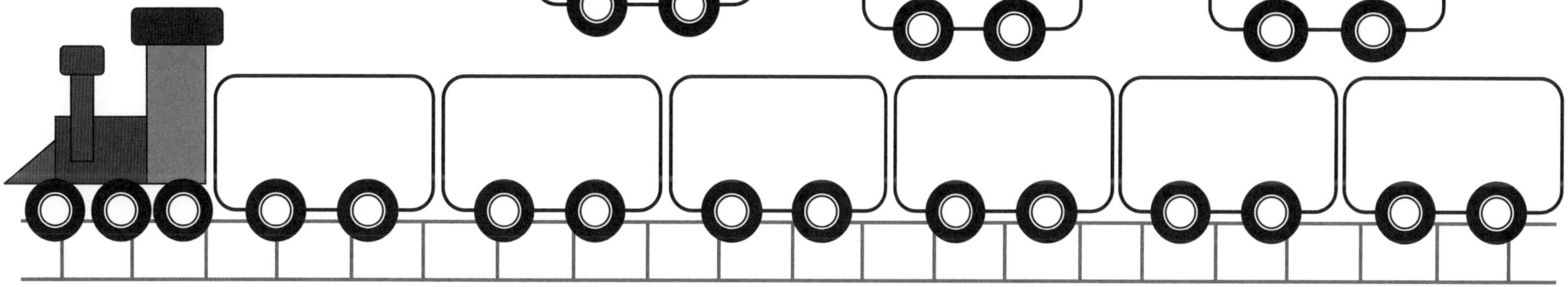

我的表現：☆☆☆☆☆☆☆☆☆☆

今天是　　月　　日，我練習了以下這些句子。

自我挑戰：請寫出適當的語詞，讓句子唸起來通順。

1. 當＿＿＿＿，＿＿＿＿就＿＿＿＿。

2. 當＿＿＿＿，＿＿＿＿就＿＿＿＿。

3. 當＿＿＿＿，＿＿＿＿就＿＿＿＿。

4. 當＿＿＿＿，＿＿＿＿就＿＿＿＿。

5. 當＿＿＿＿，＿＿＿＿就＿＿＿＿。

我的表現：☆☆☆☆☆☆☆☆☆☆

品格教育學習單1

*想想看，當遇到什麼事時，身邊的人會來幫助你？

例句：當遇到不會的功課時，我就會去問老師。

當＿＿時，我就會＿＿。

當＿＿時，我就會＿＿。

當＿＿時，我就會＿＿。

當＿＿時，我就會＿＿。

當＿＿時，我就會＿＿。

今天是　月　日，我學會尋求幫助。

品格教育學習單 2

*想出好方法：當我遇到問題或困難時，我可以尋求他人的「幫助」。

老師提供的好方法：

回家作業不會寫的時候，我會找爸爸幫忙。

上課聽不懂的時候，我可以去問老師。

我的想法：把想到的事情，寫或畫出來吧！

認識並練習「因為……所以……」的句子

今天是　月　日，我認識了以下這些句子。

*認識「因為……所以……」的句子。

1. 因為下雨，所以要撐傘。
2. 妹妹因為走路不專心，所以跌倒了。
3. 弟弟因為睡過頭，所以遲到了。
4. 哥哥因為想長高，所以每天喝牛奶。
5. 因為今天是星期日，所以不用上學。

今天是　月　日，我練習了以下這些句子。

＊塗塗看：請將適合句子的語詞塗上顏色。

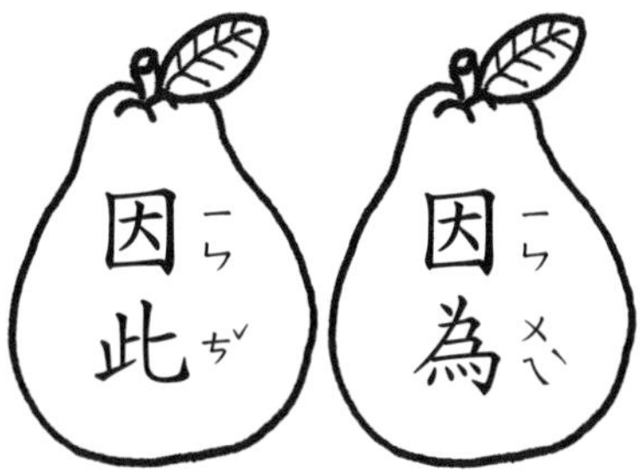

下雨，

所以要撐傘。

妹妹因為走路

，所以跌倒了。

弟弟因為睡過頭，

遲到了。

哥哥因為想長高，

所以每天喝

。

我的表現：☆☆☆☆☆☆☆☆☆☆

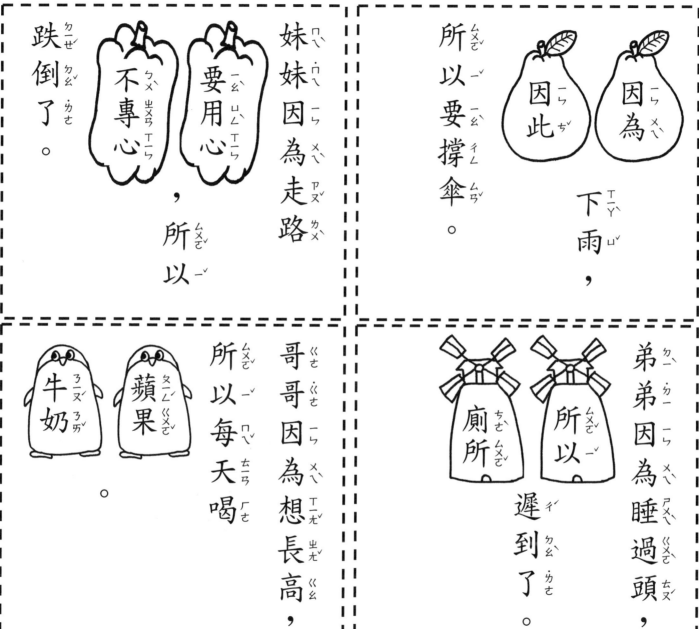

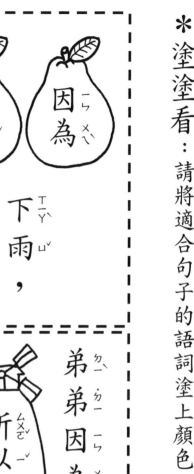

今天是　月　日，我會說出或寫出一個完整的句子。

*句子迷宮：請從起點開始，將語詞連成一個完整的句子。走到終點後，記得將完整的句子寫在格子裡。

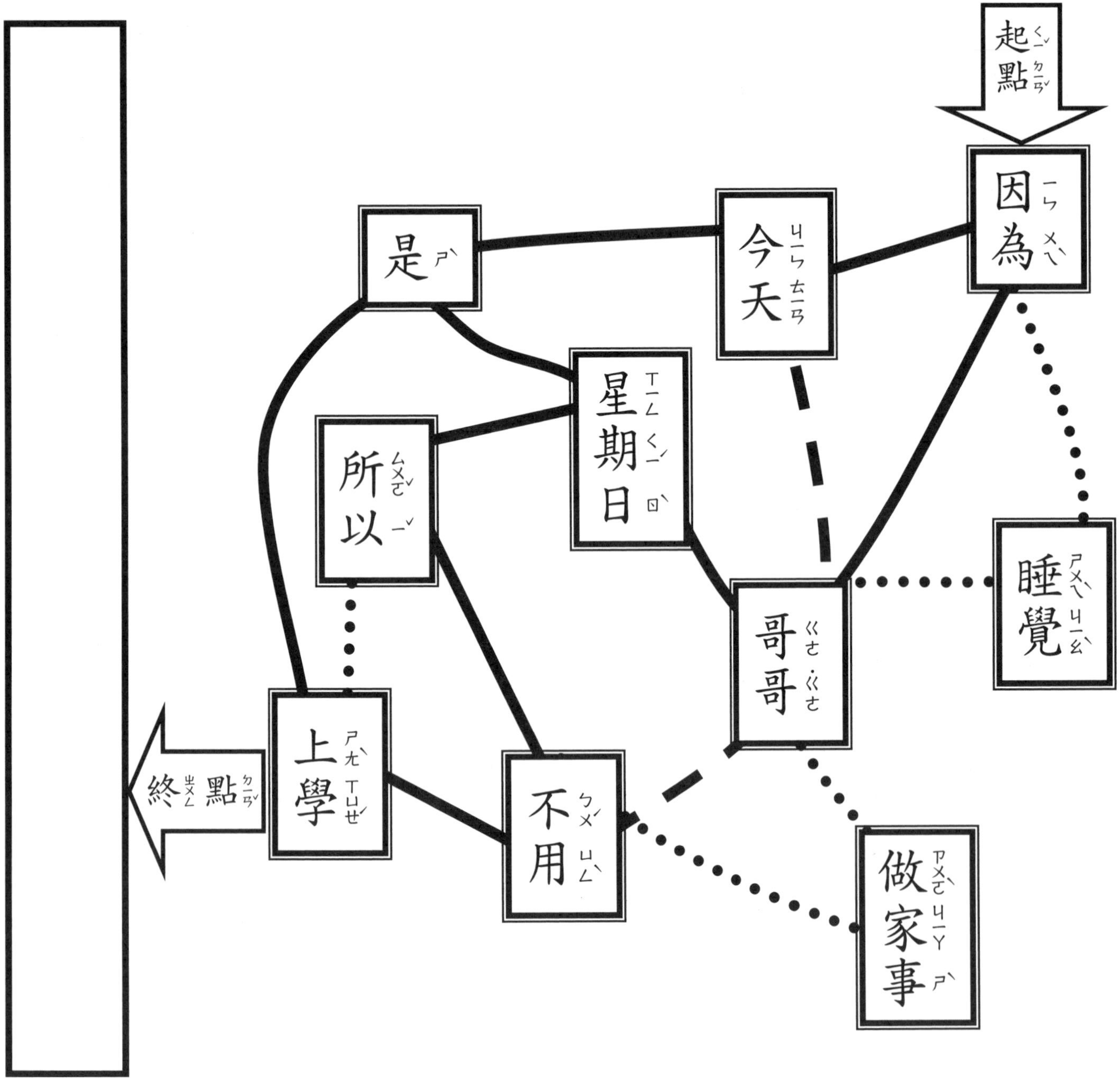

我的表現：☆☆☆☆☆☆☆☆☆☆

今天是　月　日，我會說出或寫出一個完整的句子。

＊組合火車：請將適當的語詞填入火車車廂裡，讓它變成通順的句子！

- 放假
- 因為
- 要
- 的
- 時候
- 老師
- 媽媽
- 工作
- 所以
- 我
- 就會
- 做家事
- 很辛苦
- 幫忙

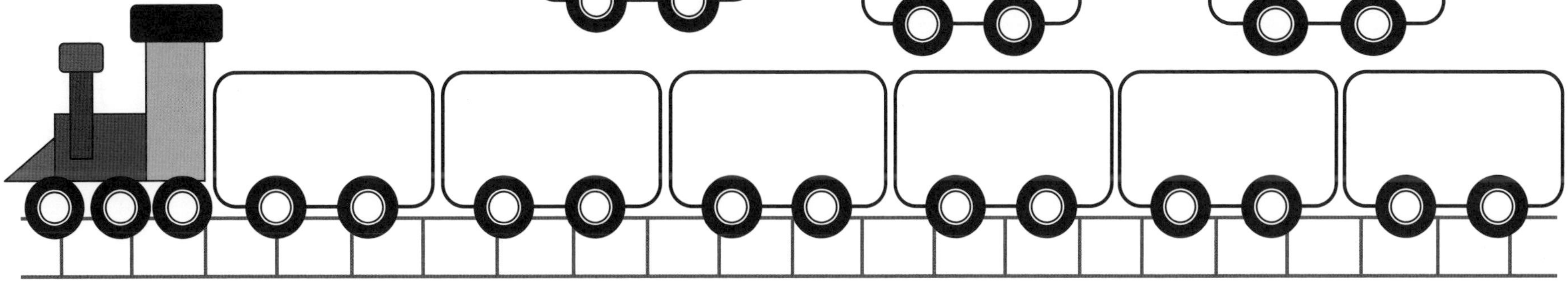

我的表現：☆☆☆☆☆☆☆☆☆☆

今天是　月　日，我練習了以下這些句子。

自我挑戰：請寫出適當的語詞，讓句子唸起來通順。

1. 因為＿＿＿＿，所以＿＿＿＿。

2. 因為＿＿＿＿，所以＿＿＿＿。

3. 因為＿＿＿＿，所以＿＿＿＿。

4. 因為＿＿＿＿，所以＿＿＿＿。

5. 因為＿＿＿＿，所以＿＿＿＿。

我的表現：☆☆☆☆☆☆☆☆☆☆

品格教育學習單 1

＊想想看，身邊的人為你做了什麼事，你應該要說謝謝？除了說謝謝，還可以做什麼？

例句：**因為**老師教導我，**所以**我會向他說謝謝。

因為＿＿＿＿，**所以**我會向＿＿說謝謝。

因為＿＿＿＿，**所以**我會向＿＿說謝謝。

因為＿＿＿＿，**所以**我會＿＿＿＿。

因為＿＿＿＿，**所以**我會＿＿＿＿。

因為＿＿＿＿，**所以**我會＿＿＿＿。

今天是　　月　　日，**我學會說謝謝**。

品格教育學習單2

*想出好方法：受到他人的幫助，我們應該要如何表達「感謝」？

老師提供的好方法：

接受小明的幫助，我會誠心誠意的向他說謝謝。

媽媽幫我檢查功課，我會做一張小卡片送給她。

我的想法：把想到的事情，寫或畫出來吧！

認識並練習「只要……就……」的句子

今天是　月　日，我認識了以下這些句子。

*認識「只要……就……」的句子。

1. 只要完成作業，我就可以出去玩。

2. 只要亮起紅燈，車子就會停下來。

3. 只要被媽媽抱著，妹妹就不哭了。

4. 只要一下雨，我們就不能出去玩了。

5. 只要常常運動，身體就會健康。

今天是　月　日，我練習了以下這些句子。

＊塗塗看：請將適合句子的語詞塗上顏色。

只要

作業，我就可以出去玩。

只要被

抱著，妹妹就不哭了。

只要常常運動，

就會健康。

只要一下雨，我們

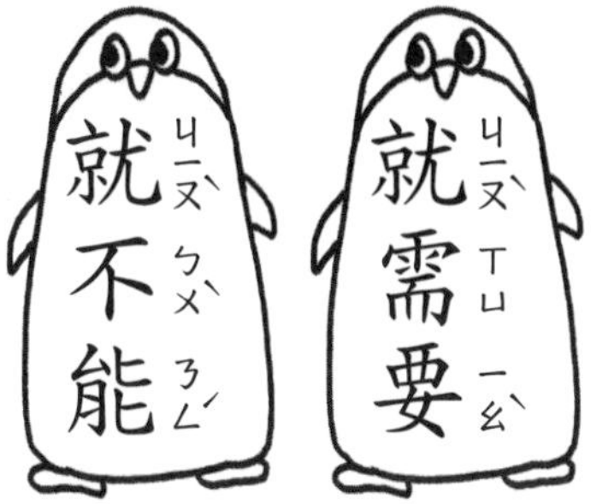

出去玩了。

我的表現：☆☆☆☆☆☆☆☆☆☆

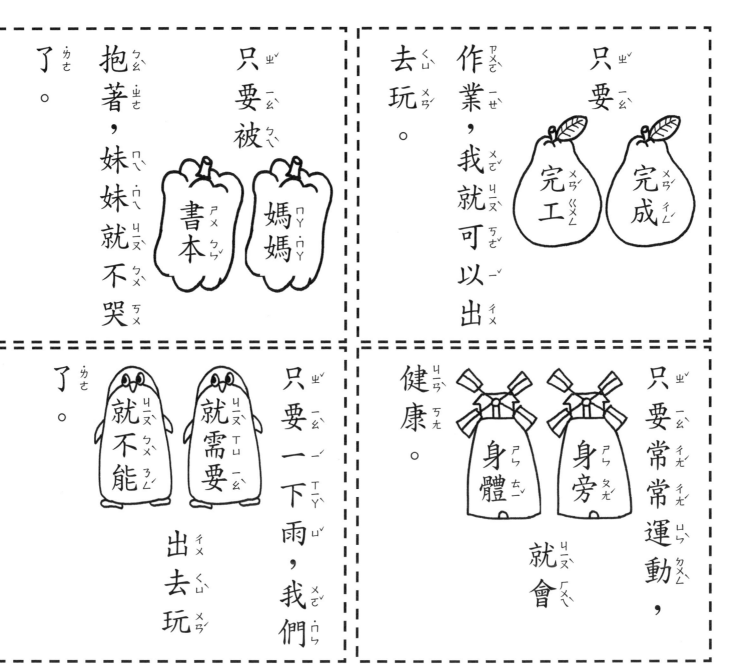

今天是　月　日，我會說出或寫出一個完整的句子。

＊句子迷宮：請從起點開始，將語詞連成一個完整的句子。走到終點後，記得將完整的句子寫在格子裡。

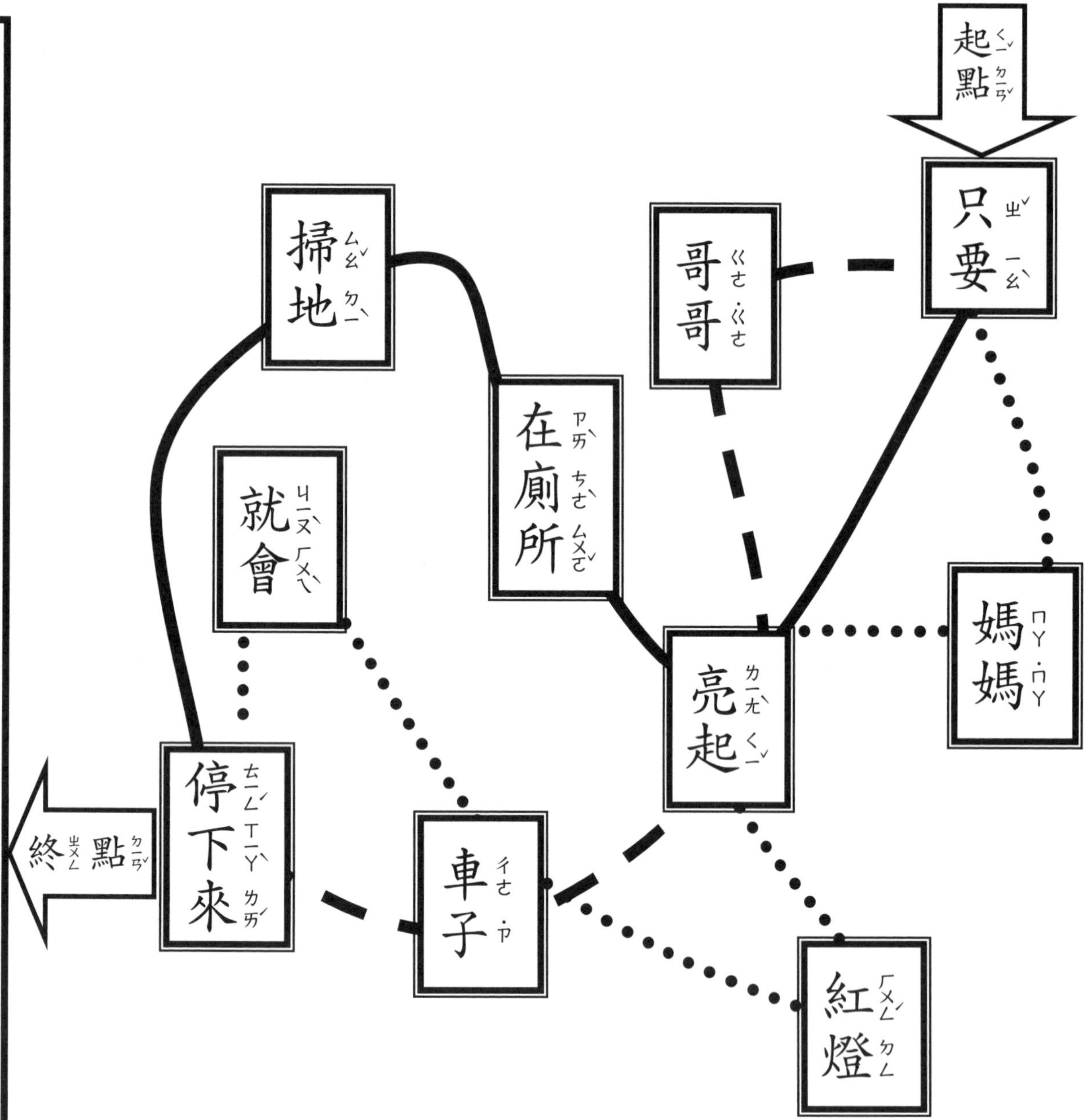

我的表現：☆☆☆☆☆☆☆☆☆☆

今天是　　月　　日，我會說出或寫出一個完整的句子。

*組合火車：請將適當的語詞填入火車車廂裡，讓它變成通順的句子！

一直　隨手　媽媽　看　哥哥　只要　書　能源　就能　唱歌　關燈　大家　節約

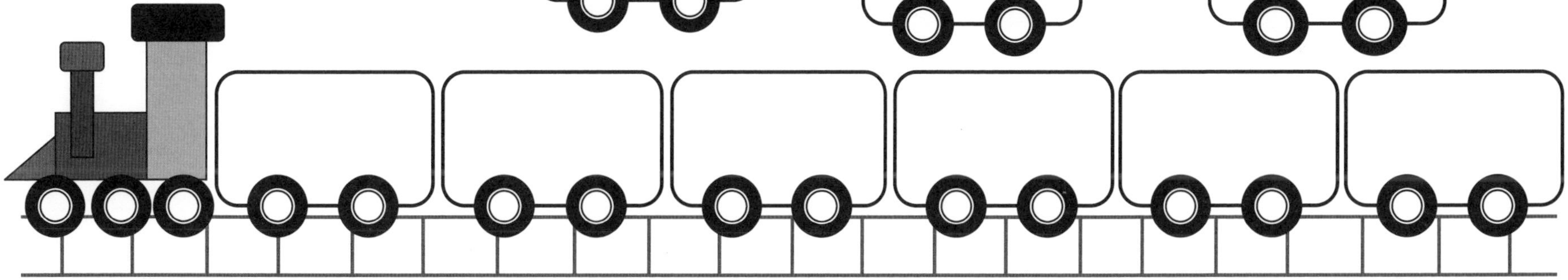

我的表現：☆☆☆☆☆☆☆☆☆

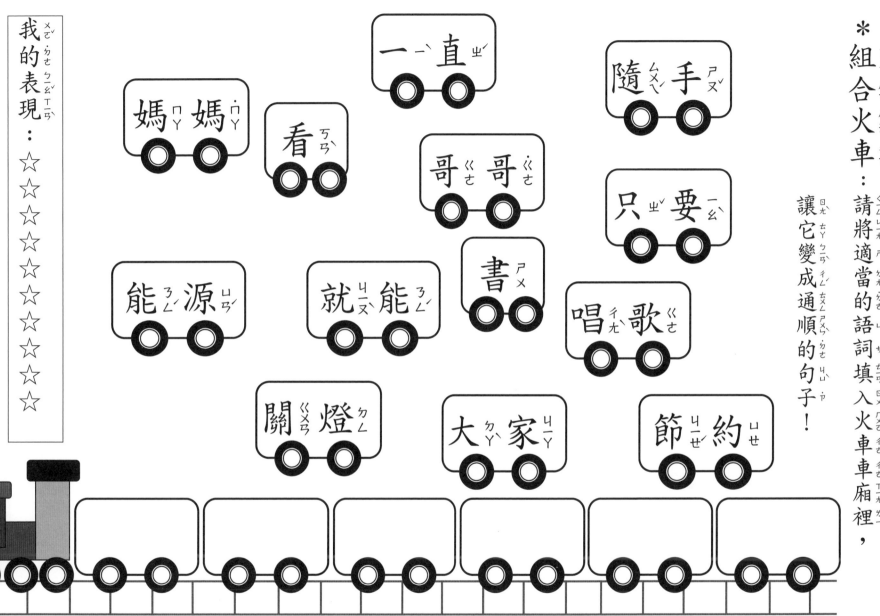

今天是　　月　　日，我練習了以下這些句子。

自我挑戰：請寫出適當的語詞，讓句子唸起來通順。

1. ______只要______就______。

2. ______只要______就______。

3. ______只要______就______。

4. ______只要______就______。

5. ______只要______就______。

我的表現：

☆☆☆☆☆☆☆☆☆☆

品格教育學習單 1

*想想看，只要你能隨手做哪些事，對社會／大家就會有幫助？

例句：只要大家隨手關燈，就能節約能源。

只要我減少吹冷氣，地球就會更＿＿＿＿。

只要我＿＿＿＿，＿＿＿＿就會更＿＿＿＿。

只要我＿＿＿＿，＿＿＿＿就會更＿＿＿＿。

只要我＿＿＿＿，＿＿＿＿就會更＿＿＿＿。

只要我＿＿＿＿，＿＿＿＿就會更＿＿＿＿。

今天是　　月　　日，我學會付出。

品格教育學習單2

*想出好方法：我會「付出」我能做到的，來幫助大家／環境。

老師提供的好方法：

我會將發票捐給公益機構。

我會少吃肉，減少碳排放量。

我的想法：把想到的事情，寫或畫出來吧！

認識並練習「一邊……一邊……」的句子

今天是　月　日，我認識了以下這些句子。

*認識「一邊……一邊……」的句子。

1. 妹妹一邊唱歌，一邊跳舞。

2. 爸爸一邊看報紙，一邊吃早餐。

3. 媽媽一邊掃地，一邊聽音樂。

4. 姐姐一邊洗澡，一邊哼歌。

5. 哥哥一邊看電視，一邊吃零食。

今天是　月　日，我練習了以下這些句子。

＊塗塗看：請將適合句子的語詞塗上顏色。

媽媽（一邊／一定）掃地，一邊聽音樂，一個下午就將家事都做完了。

姐姐一邊（洗澡／留下），一邊哼歌，將浴室當成她的表演台。

爸爸一邊看報紙，（一旁／一邊）吃早餐，真是悠閒。

哥哥經常一邊看電視，一邊（撿貝殼／吃零食），難怪身材一直胖起來。

我的表現：☆☆☆☆☆☆☆☆☆☆

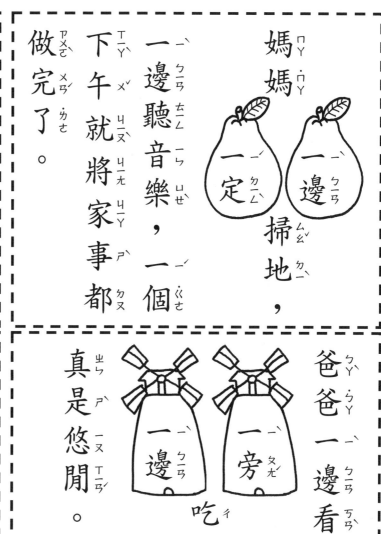

今天是　　月　　日，我會說出或寫出一個完整的句子。

＊句子迷宮：請從起點開始，將語詞連成一個完整的句子。走到終點後，記得將完整的句子寫在格子裡。

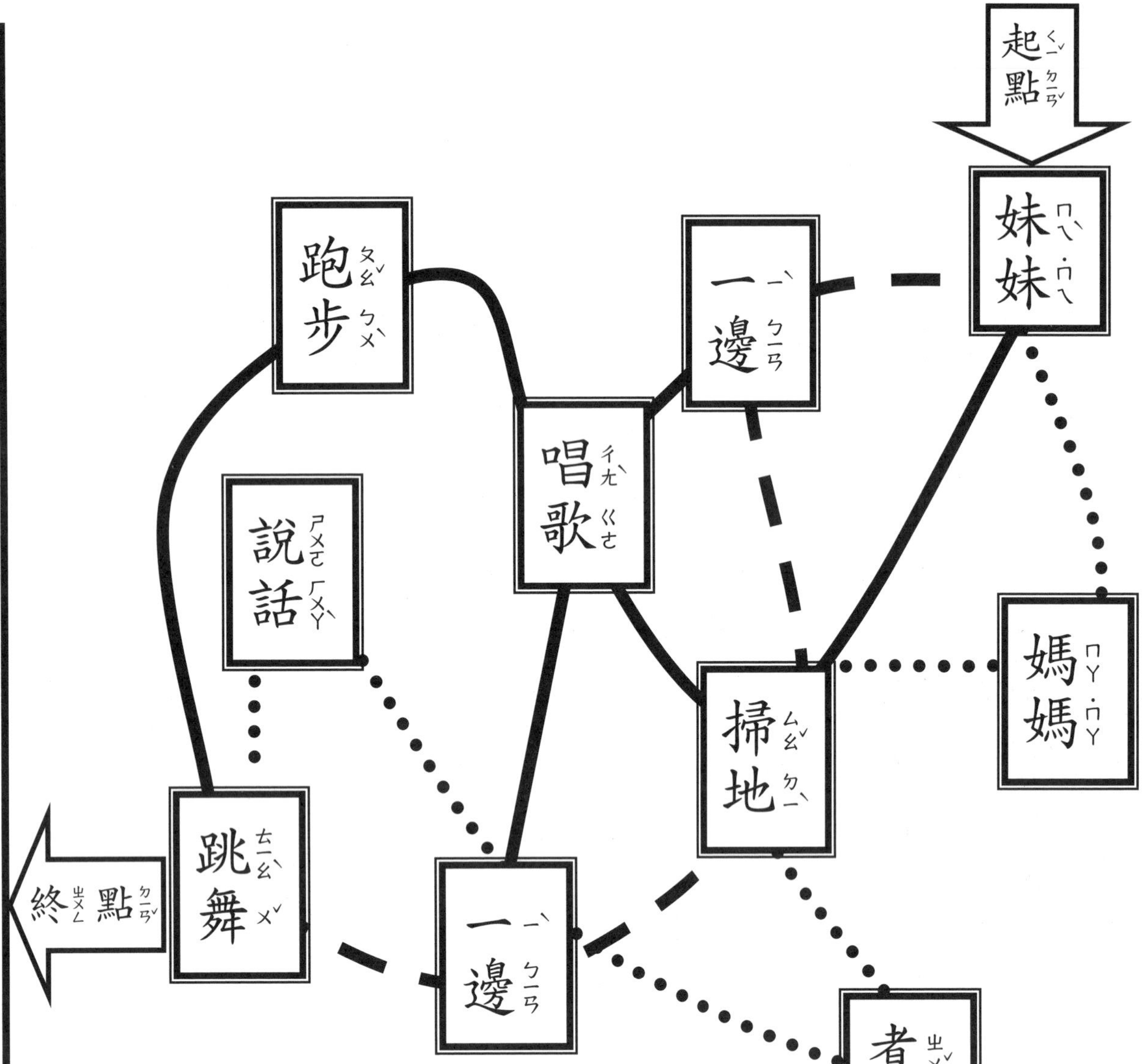

我的表現：☆☆☆☆☆☆☆☆☆☆

今天是　　月　　日，我會說出或寫出一個完整的句子。

＊組合火車：請將適當的語詞填入火車車廂裡，讓它變成通順的句子！

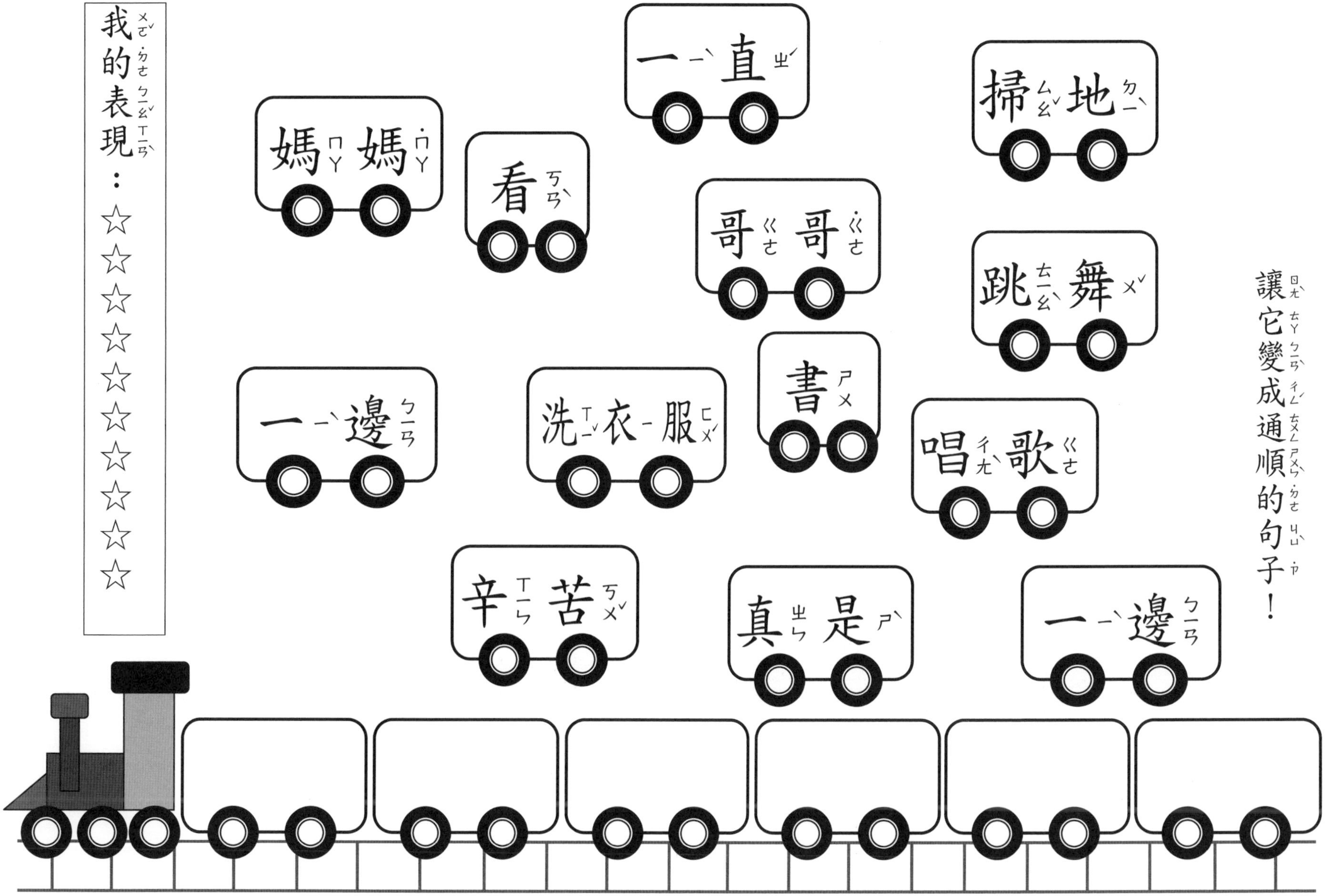

我的表現：
☆☆☆☆☆☆☆☆☆☆

今天是　月　日，我練習了以下這些句子。

自我挑戰：請寫出適當的語詞，讓句子唸起來通順。

1. 一邊＿＿＿＿＿，一邊＿＿＿＿＿。

2. 一邊＿＿＿＿＿，一邊＿＿＿＿＿。

3. 一邊＿＿＿＿＿，一邊＿＿＿＿＿。

4. 一邊＿＿＿＿＿，一邊＿＿＿＿＿。

5. 一邊＿＿＿＿＿，一邊＿＿＿＿＿。

我的表現：☆☆☆☆☆☆☆☆☆☆

品格教育學習單1

*想想看，做什麼事情是需要專心，不可以一邊做事，一邊玩耍？

例句：我要專心，不可以一邊寫字，一邊玩。

我要專心，不可以一邊打掃，一邊＿＿＿＿。

我要專心，不可以一邊＿＿＿＿，一邊＿＿＿＿。

我要專心，不可以一邊＿＿＿＿，一邊＿＿＿＿。

我要專心，不可以一邊＿＿＿＿，一邊＿＿＿＿。

我要專心，不可以一邊＿＿＿＿，一邊＿＿＿＿。

今天是　　月　　日，我學會專心。

品格教育學習單 2

*想出好方法：我會想辦法讓自己「專心」完成工作。

老師提供的好方法：

把電視關掉，專心寫作業。

把玩具收起來，專心吃飯。

我的想法：把想到的事情，寫或畫出來吧！

認識並練習「比……還……」的句子

今天是　月　日，我認識了以下這些句子。

*認識「比……還……」的句子。

1. 哥哥的身高比弟弟還高。
2. 開車比騎腳踏車還快。
3. 尺比迴紋針還長。
4. 爺爺的年紀比爸爸還大。
5. 奶奶煮的菜比媽媽煮的還好吃。

今天是　月　日，我練習了以下這些句子。

＊塗塗看：請將適合句子的語詞塗上顏色。

哥哥的

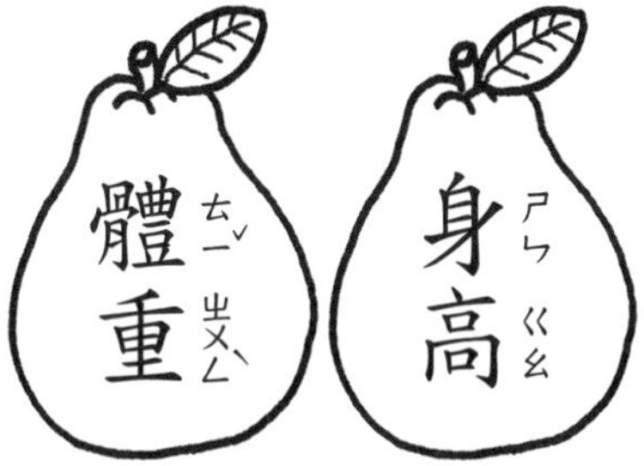

比弟弟還高。

爸爸開車的速度，

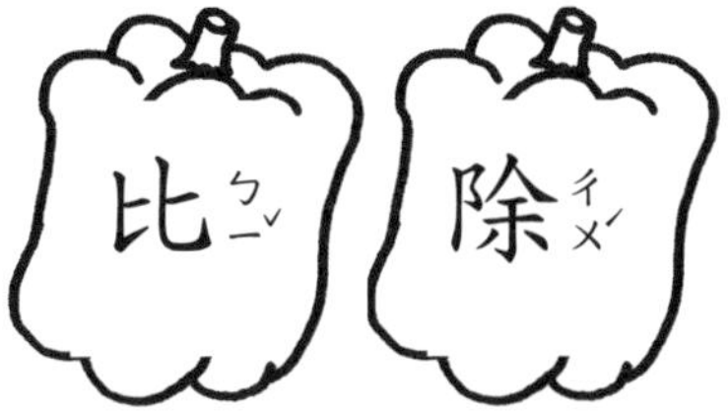

騎腳踏車還快。

爺爺的年紀比

還大，但是體力還是跟年輕人一樣好。

我表哥很高大，

比牛強壯，比姚明還高。

我的表現：☆☆☆☆☆☆☆☆☆☆

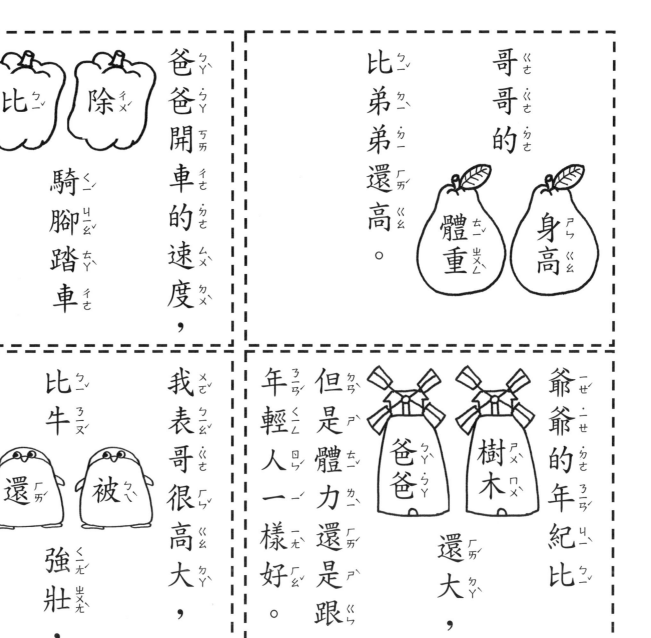

今天是　月　日，我會說出或寫出一個完整的句子。

*句子迷宮：請從起點開始，將語詞連成一個完整的句子。走到終點後，記得將完整的句子寫在格子裡。

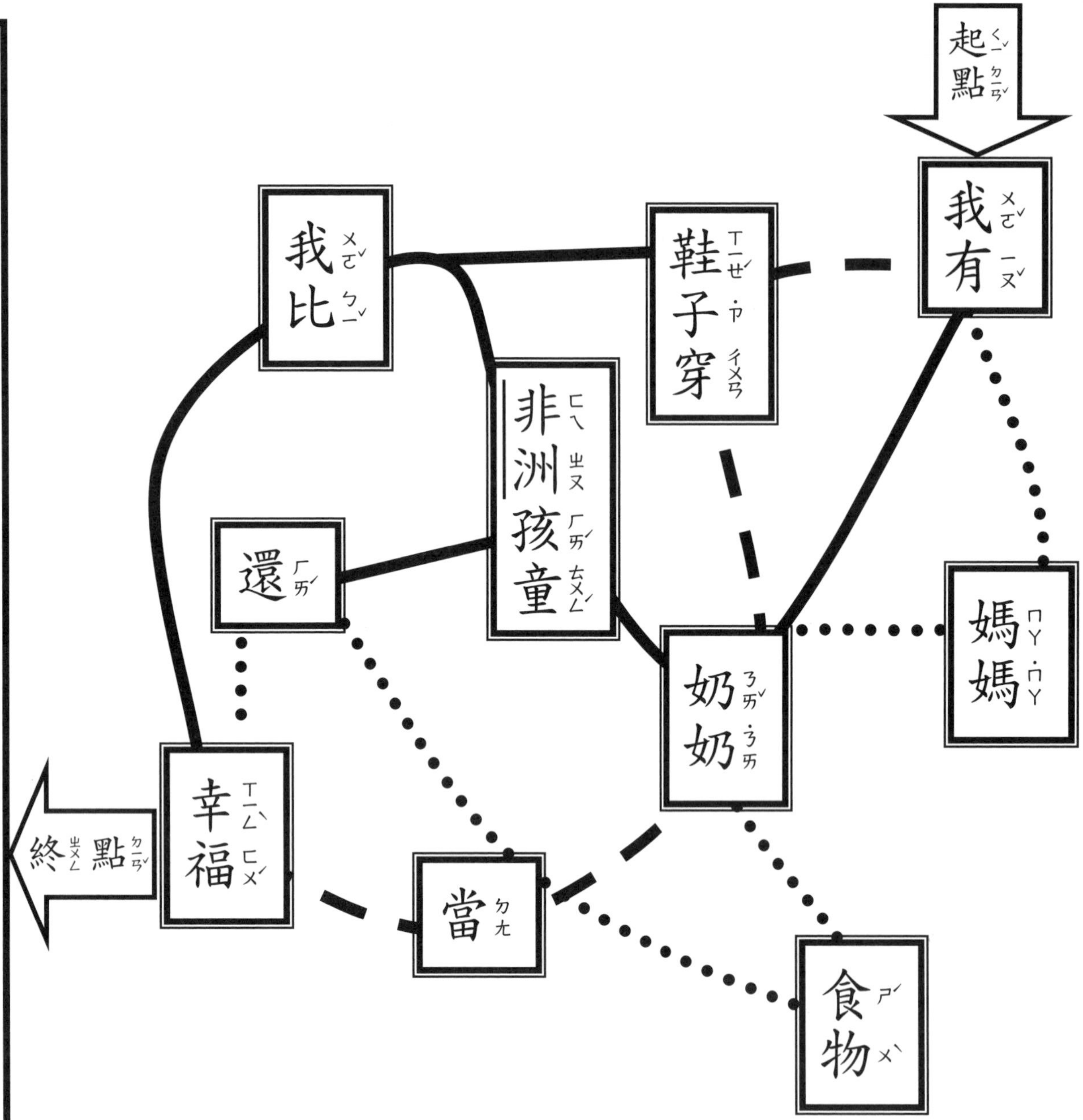

我的表現：☆☆☆☆☆☆☆☆☆☆

今天是　　月　　日，我會說出或寫出一個完整的句子。

＊組合火車：請將適當的語詞填入火車車廂裡，讓它變成通順的句子！

還　奶奶　煮的　比　我　老師　媽媽　菜　問題時　煮的菜　好吃　遇到　只好　幫忙

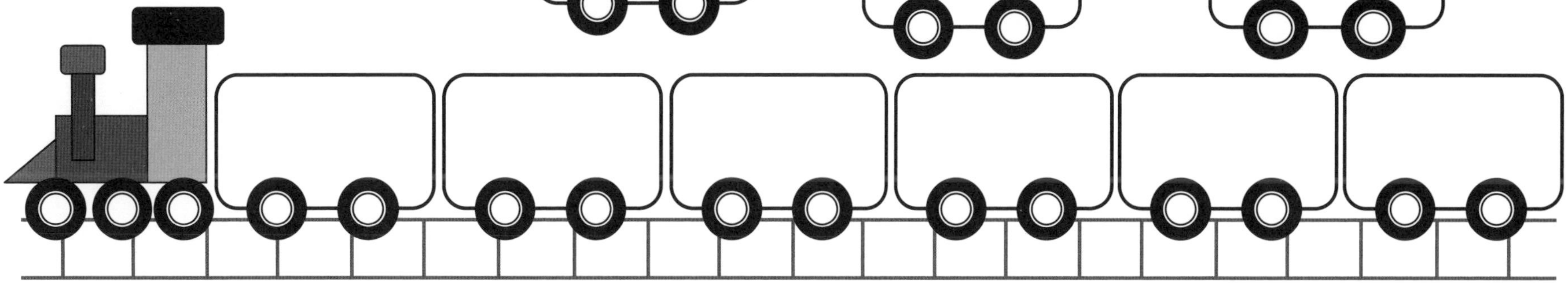

我的表現：
☆☆☆☆☆☆☆☆☆☆

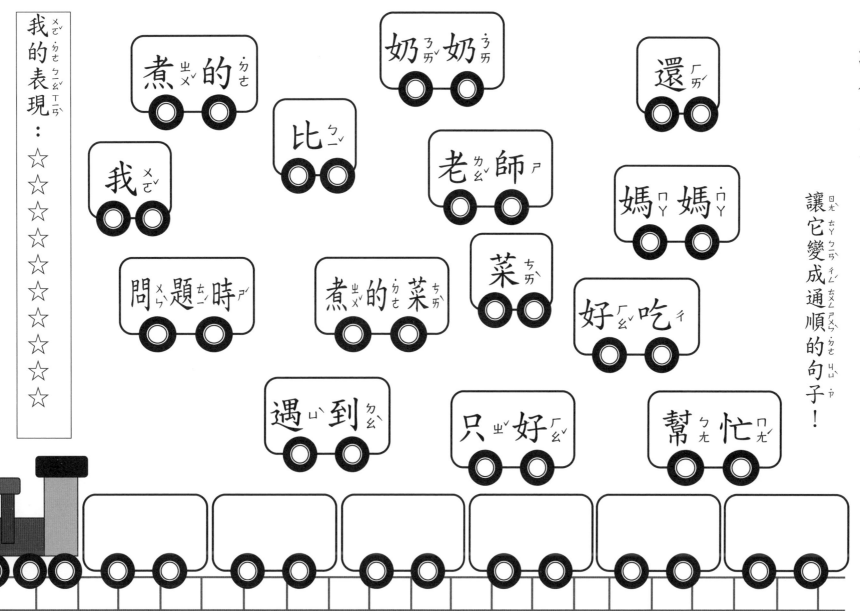

今天是　月　日，我練習了以下這些句子。

自我挑戰：請寫出適當的語詞，讓句子唸起來通順。

1. ＿＿比＿＿還＿＿。

2. ＿＿比＿＿還＿＿。

3. ＿＿比＿＿還＿＿。

4. ＿＿比＿＿還＿＿。

5. ＿＿比＿＿還＿＿。

我的表現：☆☆☆☆☆☆☆☆☆☆

品格教育學習單 1

*想想看，你擁有了什麼，會比別人還幸福？

例句：我有鞋子穿，我比非洲孩童還幸福。

我有＿＿＿＿，我比別人還幸福。

我有＿＿＿＿，我比別人還幸福。

我有＿＿＿＿，我比別人還幸福。

我有＿＿＿＿，我比別人還幸福。

我有＿＿＿＿，我比別人還幸福。

今天是　月　日，我學會知足。

品格教育學習單 2

*想出好方法：我「知足」，因為我擁有……

老師提供的好方法：

因為我有爸爸、媽媽照顧我，所以我很幸福。

因為我有一個家，所以我很幸福。

我的想法：把想到的事情，寫或畫出來吧！

認識並練習「一……就……」的句子

今天是　月　日，我認識了以下這些句子。

＊認識「一……就……」的句子。

1. 哥哥一緊張就會流汗。

2. 媽媽一回到家就馬上準備晚餐。

3. 爸爸一出門上班，妹妹就哭了。

4. 我一放學就要去安親班。

5. 上課鐘聲一響，同學們就馬上進教室。

今天是　　月　　日，我練習了以下這些句子。

＊塗塗看：請將適合句子的語詞塗上顏色。

哥哥
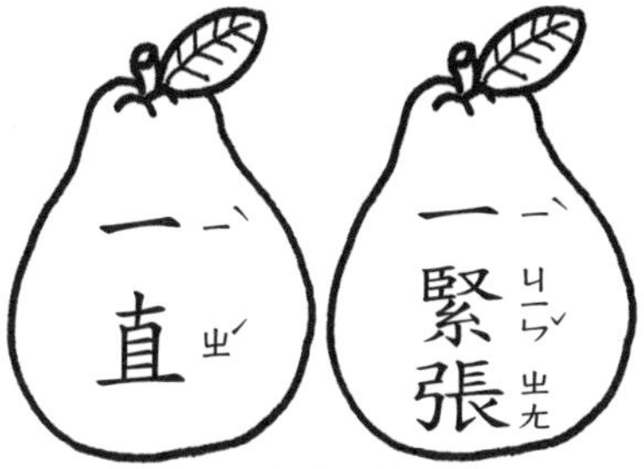

就會流汗，因此他隨時準備著手帕。

媽媽一回到家，
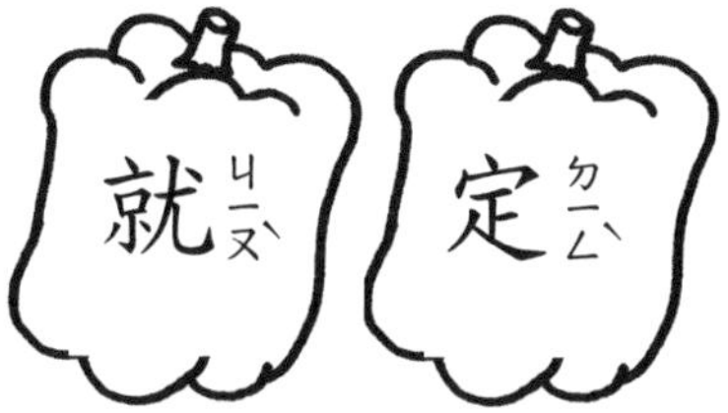

馬上準備晚餐。

爸爸一出門上班，

就哭了。

我一放學，就必須要去
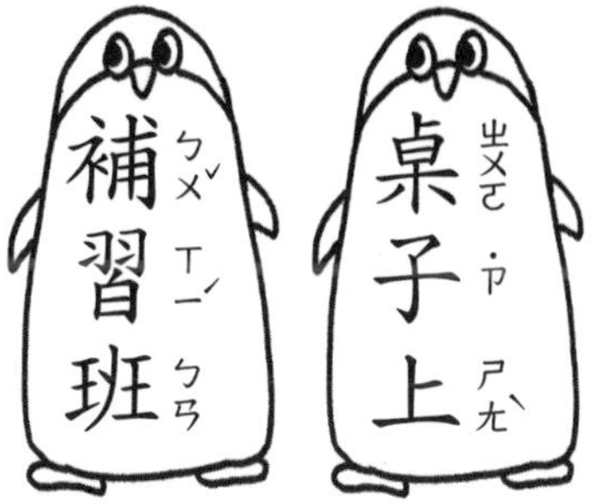

上課。

我的表現：☆☆☆☆☆☆☆☆☆☆

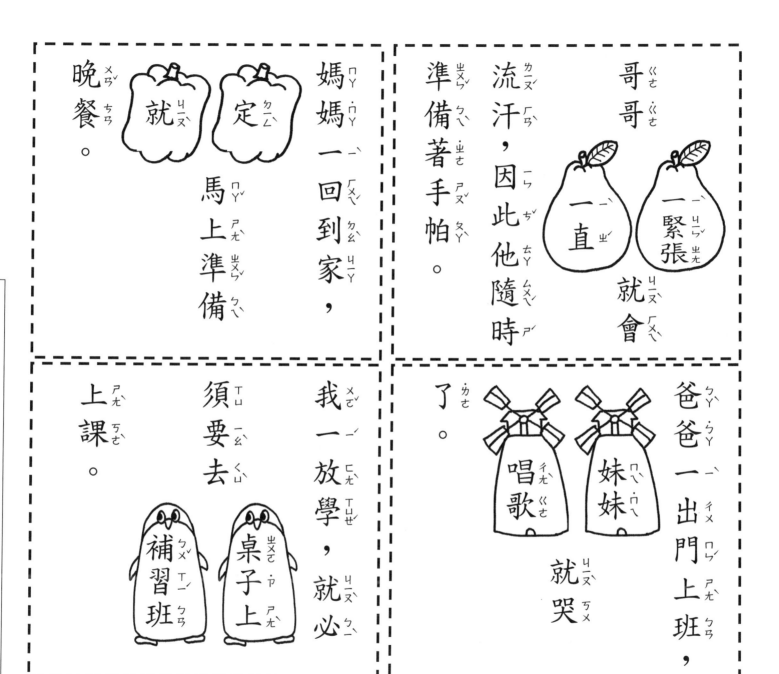

今天是　月　日，我會說出或寫出一個完整的句子。

*句子迷宮：請從起點開始，將語詞連成一個完整的句子。走到終點後，記得將完整的句子寫在格子裡。

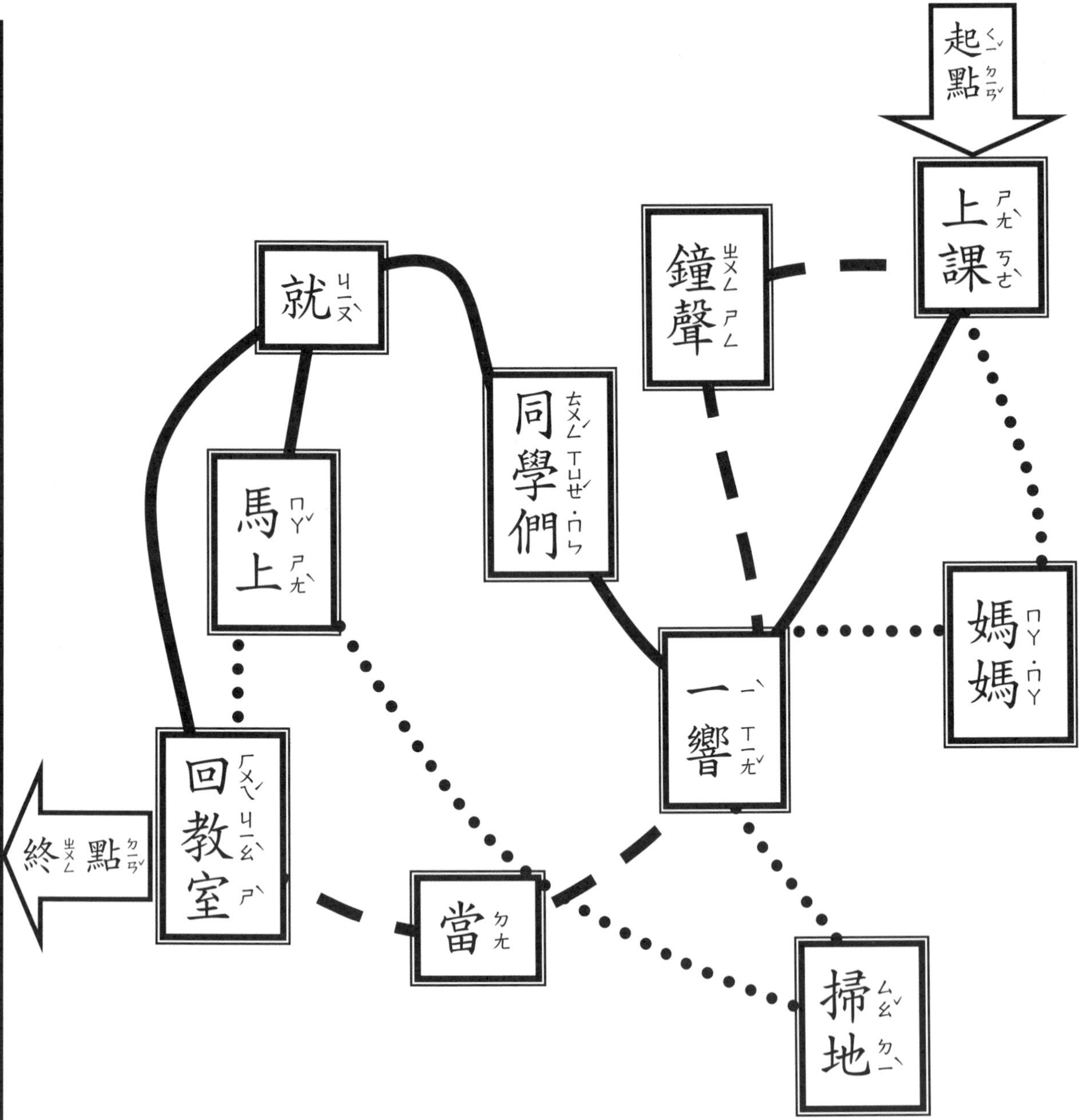

我的表現：☆☆☆☆☆☆☆☆☆☆

今天是　　月　　日，我會說出或寫出一個完整的句子。

＊組合火車：請將適當的語詞填入火車車廂裡，讓它變成通順的句子！

他（ㄊㄚ）

一（ㄧˋ）

爸（ㄅㄚˋ）爸（ㄅㄚˋ）

就（ㄐㄧㄡˋ）

小（ㄒㄧㄠˇ）孩（ㄏㄞˊ）

媽（ㄇㄚ）媽（ㄇㄚ）

貪（ㄊㄢ）玩（ㄨㄢˊ）的（ㄉㄜ˙）

一（ㄧˋ）個（ㄍㄜˋ）

是（ㄕˋ）

就（ㄐㄧㄡˋ）會（ㄏㄨㄟˋ）

忘（ㄨㄤˋ）記（ㄐㄧˋ）

玩（ㄨㄢˊ）起（ㄑㄧˇ）來（ㄌㄞˊ）

時（ㄕˊ）間（ㄐㄧㄢ）

我的表現：☆☆☆☆☆☆☆☆☆☆（ㄨㄛˇ ㄉㄜ˙ ㄅㄧㄠˇ ㄒㄧㄢˋ）

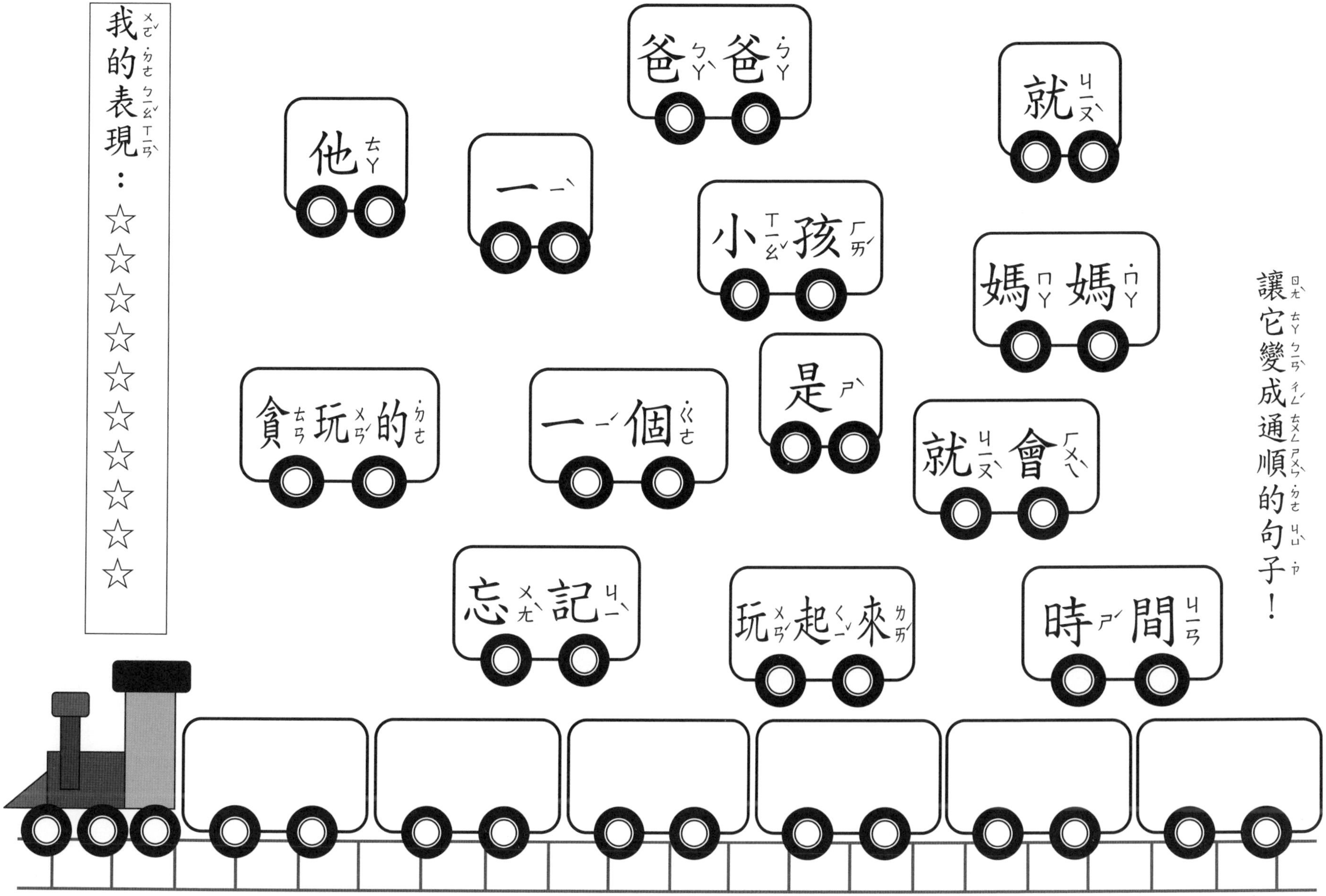

今天是　月　日，我練習了以下這些句子。

自我挑戰：請寫出適當的語詞，讓句子唸起來通順。

1. ＿＿一＿＿就＿＿。

2. ＿＿一＿＿就＿＿。

3. ＿＿一＿＿就＿＿。

4. ＿＿一＿＿就＿＿。

5. ＿＿一＿＿就＿＿。

我的表現：☆☆☆☆☆☆☆☆☆☆

品格教育學習單1

＊想想看，什麼事情是需要遵守時間完成，才是守時？

例句：上課鐘聲一響，我就馬上進教室。

晚上九點一到，我就＿＿＿＿。

早上鬧鐘一響，我就＿＿＿＿。

跟朋友約定的時間一到，我就＿＿＿＿。

＿＿＿＿一＿＿，我就＿＿＿＿。

＿＿＿＿一＿＿，我就＿＿＿＿。

今天是　月　日，我學會守時。

品格教育學習單 2

*想出好方法：我會想辦法讓自己做到「守時」。

老師提供的好方法：

我不沉迷 3C 產品，就不會玩到忘記時間。

我會預先規畫好時間表。

我的想法：把想到的事情，寫或畫出來吧！

認識並練習「又……又……」的句子

今天是　　月　　日，我認識了以下這些句子。

＊認識「又……又……」的句子。

1. 天上的月亮又大又圓。

2. 哥哥長得又高又帥。

3. 妹妹高興得又唱又跳。

4. 姐姐心裡又緊張又害怕。

5. 這道菜的味道又酸又辣。

今天是　月　日，我練習了以下這些句子。

＊塗塗看：請將適合句子的語詞塗上顏色。

今天是中秋節

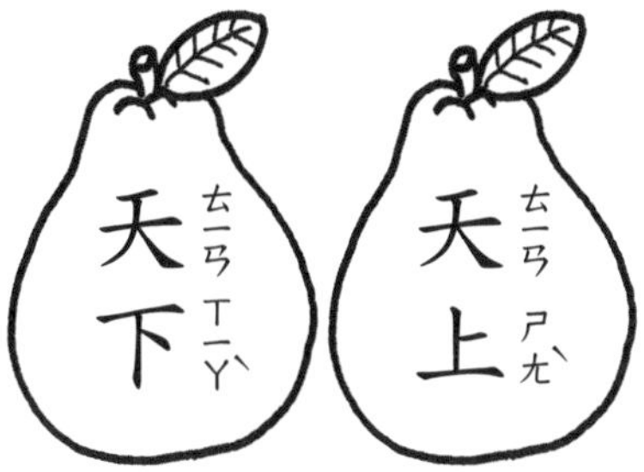

的月亮又大又圓。

聽到得獎的消息，妹妹

又叫又跳。

哥哥長得又高又

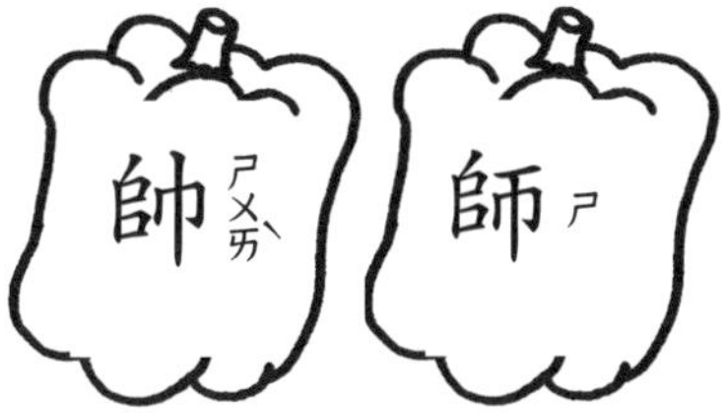

，好多女孩子都很喜歡他。

馬上要公布成績了，姐姐心裡

緊張又害怕。

我的表現：☆☆☆☆☆☆☆☆☆☆

今天是　月　日，我會說出或寫出一個完整的句子。

*句子迷宮：請從起點開始，將語詞連成一個完整的句子。走到終點後，記得將完整的句子寫在格子裡。

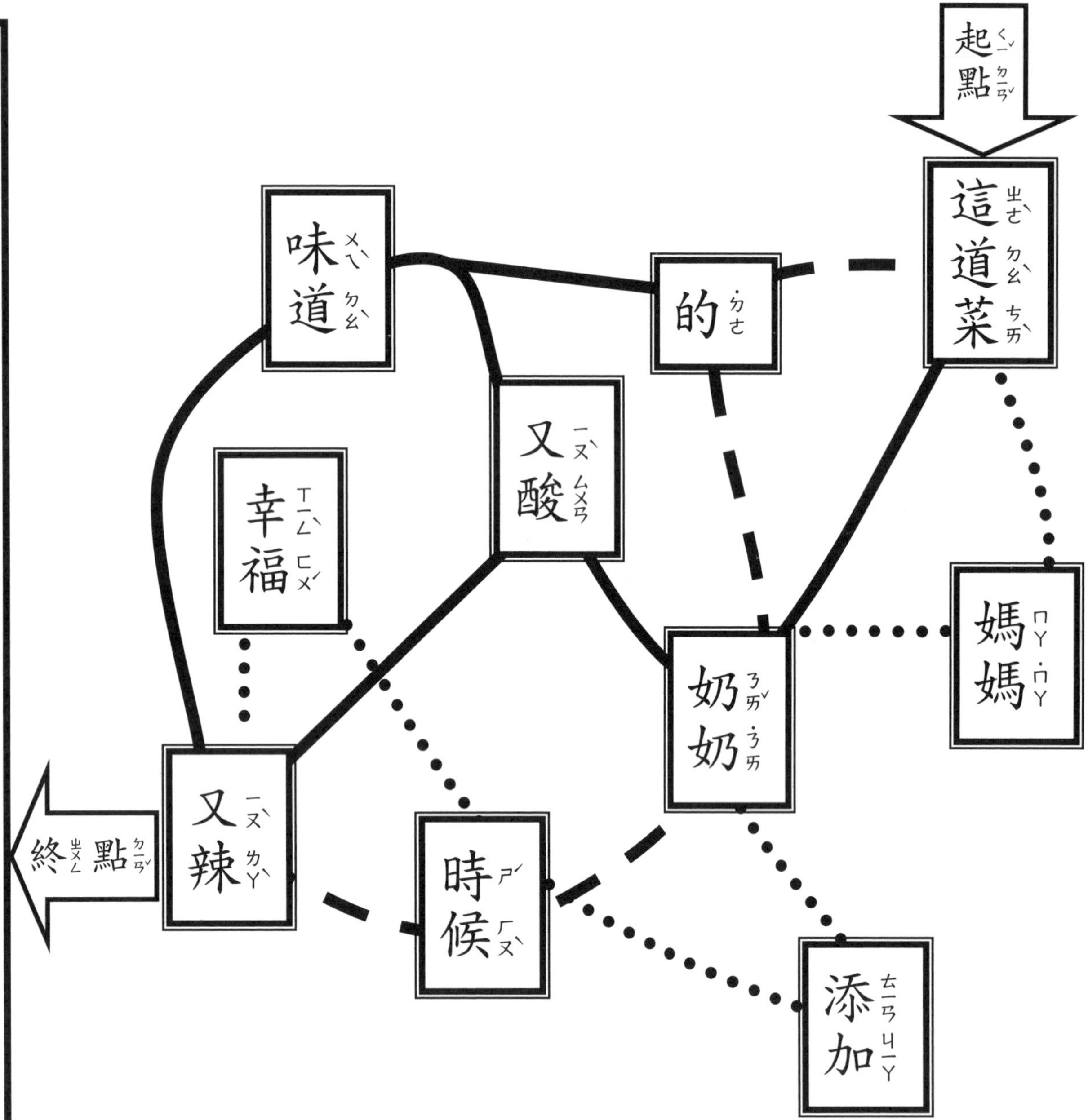

我的表現：☆☆☆☆☆☆☆☆☆☆

今天是　　月　　日，我會說出或寫出一個完整的句子。

＊組合火車：請將適當的語詞填入火車車廂裡，讓它變成通順的句子！

我的表現：☆☆☆☆☆☆☆☆☆☆☆

幽默

的

做家事

爸爸

又

個性

溫和

老師

又

只好

還

媽媽

開朗

天真

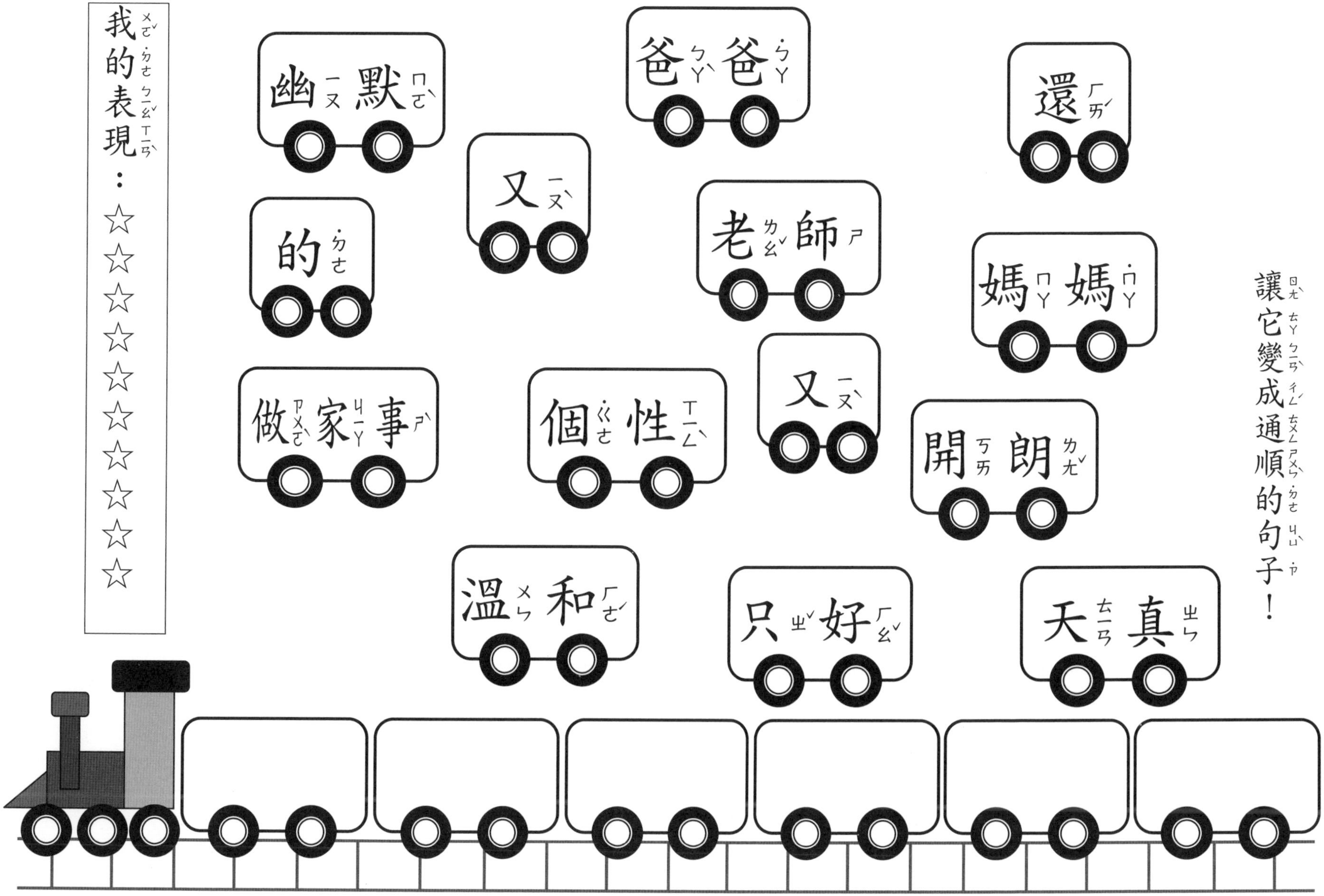

今天是　月　日，我練習了以下這些句子。

自我挑戰：請寫出適當的語詞，讓句子唸起來通順。

1. ＿＿又＿＿又＿＿。

2. ＿＿又＿＿又＿＿。

3. ＿＿又＿＿又＿＿。

4. ＿＿又＿＿又＿＿。

5. ＿＿又＿＿又＿＿。

我的表現：☆☆☆☆☆☆☆☆☆☆

品格教育學習單1

*想想看，身邊的人有哪些優點呢？

例句：爸爸的個性又溫和又幽默。

媽媽的＿＿＿＿又＿＿＿＿，又＿＿＿＿。

姐姐的＿＿＿＿又＿＿＿＿，又＿＿＿＿。

老師的＿＿＿＿又＿＿＿＿，又＿＿＿＿。

＿＿的＿＿＿＿又＿＿＿＿，又＿＿＿＿。

＿＿的＿＿＿＿又＿＿＿＿，又＿＿＿＿。

今天是　　月　　日，我學會欣賞他人的優點。

品格教育學習單 2

＊想出好方法：我懂得欣賞他人的「優點」。

老師提供的好方法：

我的爸爸很強壯。

我的媽媽很溫柔。

我的想法：把想到的事情，寫或畫出來吧！

認識並練習「有……有……也有……」的句子

今天是　月　日，我認識了以下這些句子。

*認識「有……有……也有……」的句子。

1. 書包裡有課本，有鉛筆盒，也有聯絡簿。

2. 池塘裡有魚，有蝦，也有小青蛙。

3. 花園裡有蝴蝶，有蜜蜂，也有蜻蜓。

4. 公園裡有大樹，有草地，也有小池塘。

5. 餐桌上有魚，有肉，也有青菜。

今天是　　月　　日，我練習了以下這些句子。

＊塗塗看：請將適合句子的語詞塗上顏色。

池塘裡有魚，有蝦　　，也有　　。

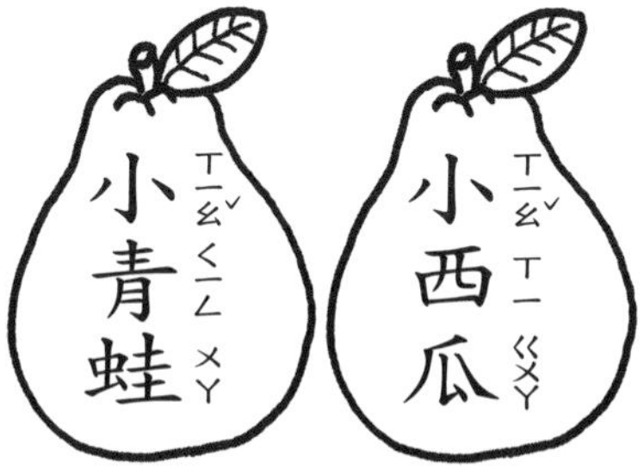

花園裡有蝴蝶，有蜜蜂，也有　　。

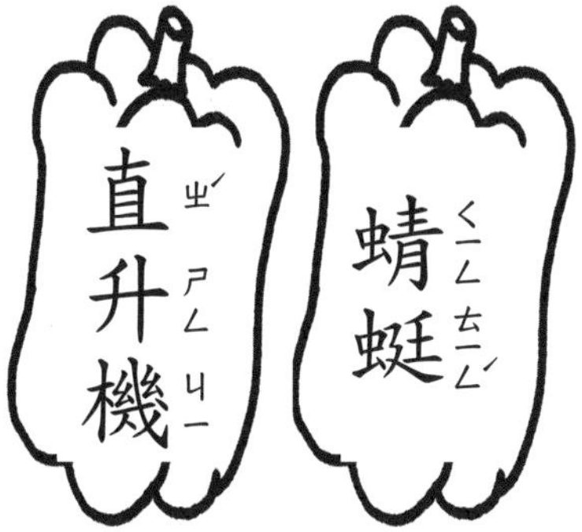

餐桌上有魚，有肉　　，也有　　。

書包裡有課本，有鉛筆盒，也有　　。

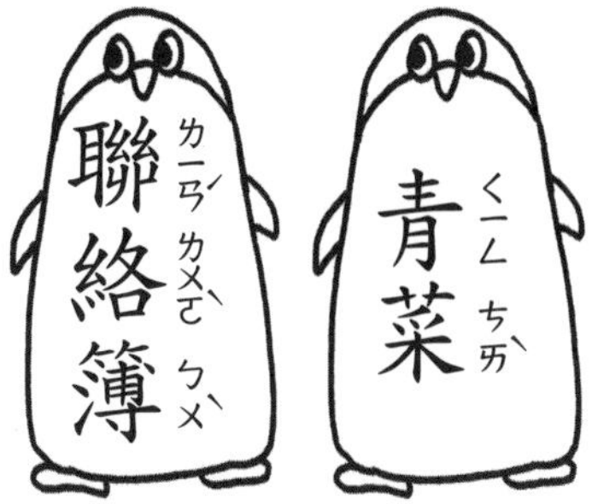

我的表現：☆☆☆☆☆☆☆☆☆☆

今天是　　月　　日，我會說出或寫出一個完整的句子。

*句子迷宮：請從起點開始，將語詞連成一個完整的句子。走到終點後，記得將完整的句子寫在格子裡。

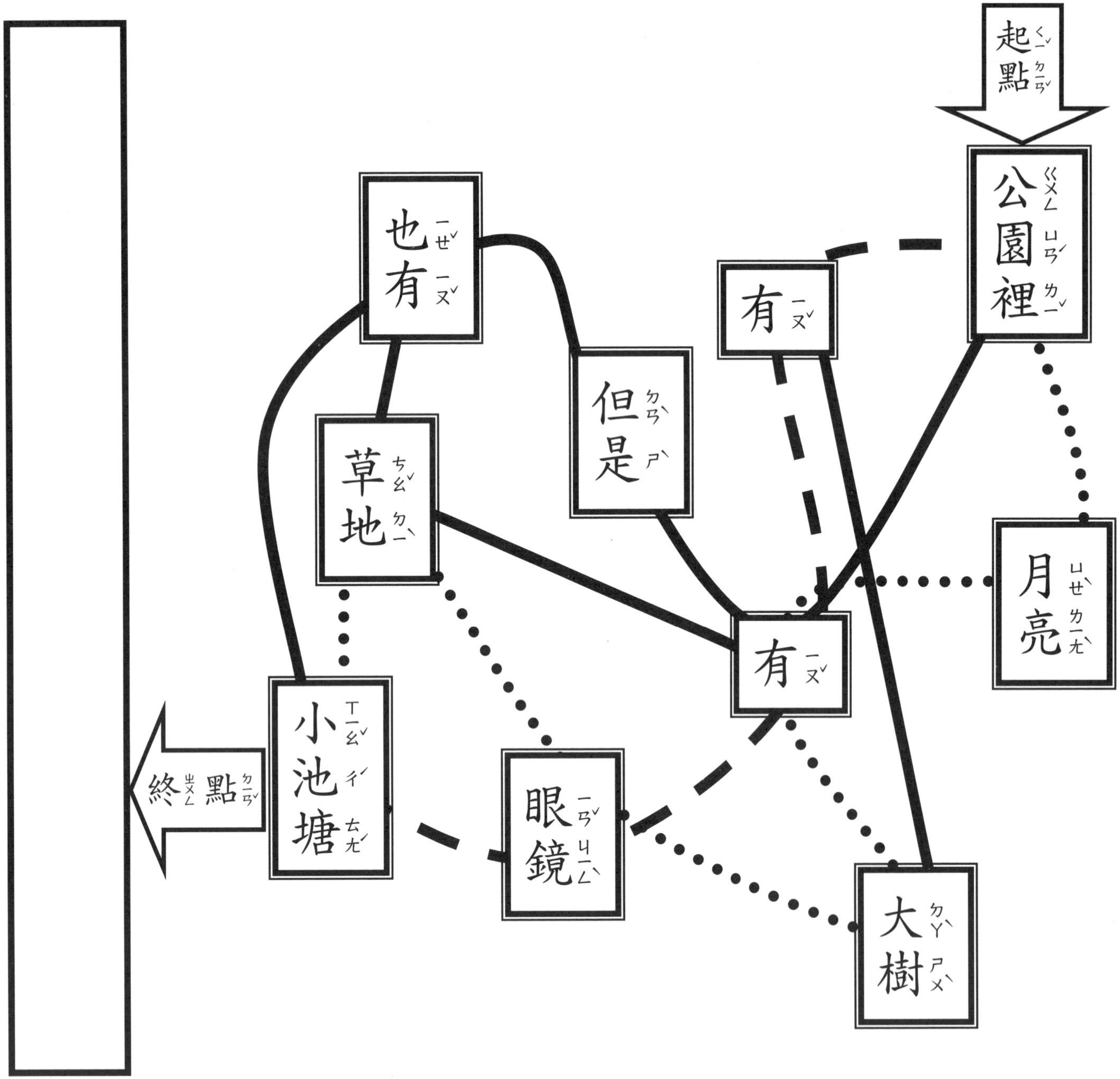

我的表現：☆☆☆☆☆☆☆☆☆☆

今天是　月　日，我會說出或寫出一個完整的句子。

＊組合火車：請將適當的語詞填入火車車廂裡，讓它變成通順的句子！

青菜　一直　有肉

餐桌上　唱歌

唱歌　有魚　一個

蜜蜂　也有　只有

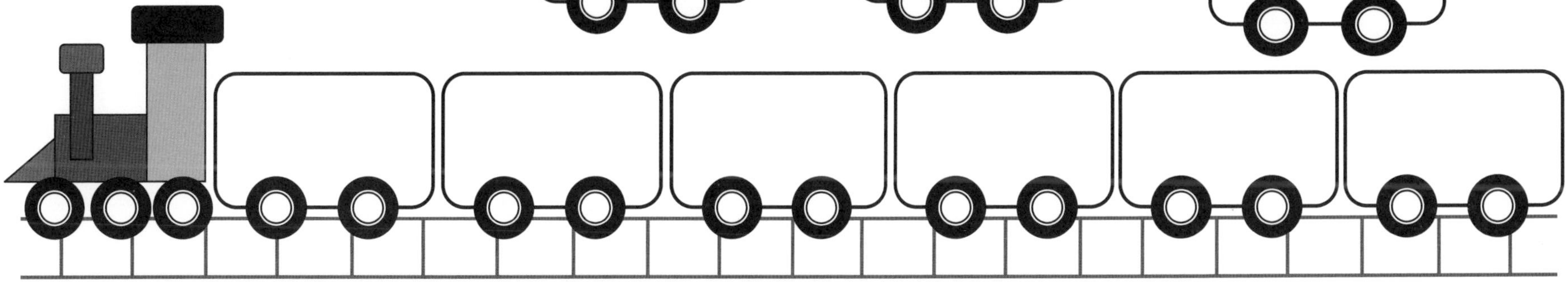

我的表現：☆☆☆☆☆☆☆☆☆☆

今天是　　月　　日，我練習了以下這些句子。

自我挑戰：請寫出適當的語詞，讓句子唸起來通順。

1. ＿＿有＿＿，有＿＿也有＿＿。

2. ＿＿有＿＿，有＿＿也有＿＿。

3. ＿＿有＿＿，有＿＿也有＿＿。

4 ＿＿有＿＿，有＿＿也有＿＿。

5. ＿＿有＿＿，有＿＿也有＿＿。

我的表現：

☆☆☆☆☆☆☆☆☆☆

品格教育學習單 1

＊想想看，你現在擁有什麼？讓你成為一個幸福的人呢？

例句：我有爸爸，有媽媽，也有奶奶，我是最幸福的小孩。

我有＿＿＿＿，有＿＿＿＿，也有＿＿＿＿，我是最幸福的小孩。

我有＿＿＿＿，有＿＿＿＿，也有＿＿＿＿，我是最幸福的小孩。

我有＿＿＿＿，有＿＿＿＿，也有＿＿＿＿，我是最幸福的小孩。

今天是　　月　　日，我知道自己擁有很多。

品格教育學習單 2

*想出好方法：我該如何做到珍惜所「擁有」的呢？

老師提供的好方法：

把營養午餐吃光光。

珍惜並妥善使用文具用品。

我的想法：把想到的事情，寫或畫出來吧！

認識並練習「不但……還……」的句子

今天是　　月　　日，我認識了以下這些句子。

*認識「不但……還……」的句子。

1. 書包裡不但有課本，還有鉛筆盒。

2. 池塘裡不但有小魚，還有小蝦。

3. 花園裡不但有蝴蝶，還有蜜蜂。

4. 公園裡不但有大樹，還有草地。

5. 冰箱裡不但有蛋糕，還有汽水。

今天是　月　日，我練習了以下這些句子。

＊塗塗看：請將適合句子的語詞塗上顏色。

書包裡不但有課本，還有　　　。

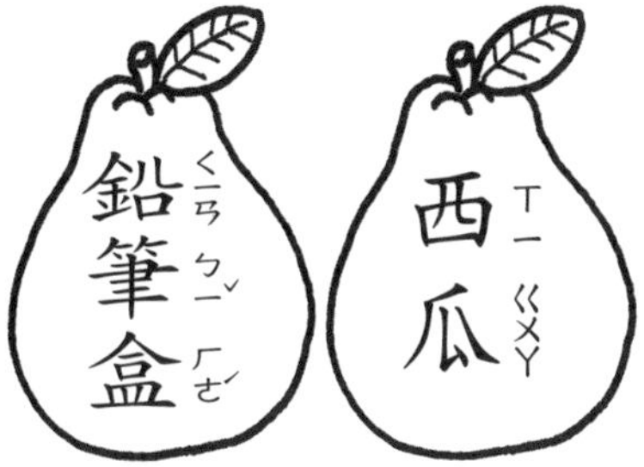

池塘裡不但有小魚，還有　　　。

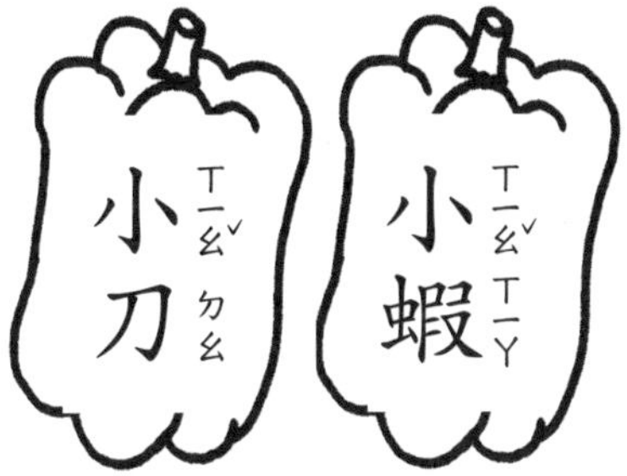

花園裡不但有蝴蝶，還有　　　。

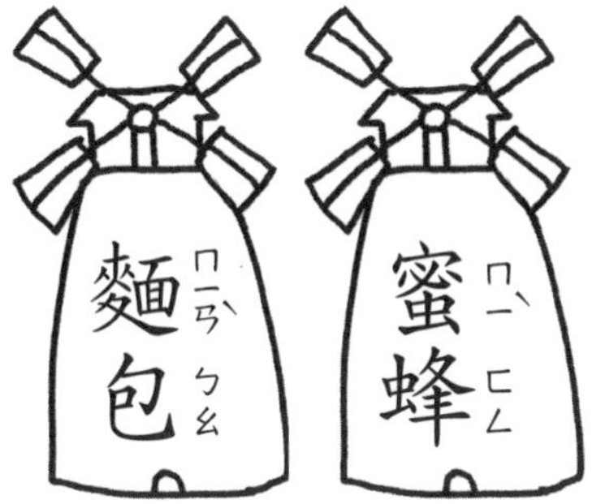

冰箱裡不但有蛋糕，還有　　　。

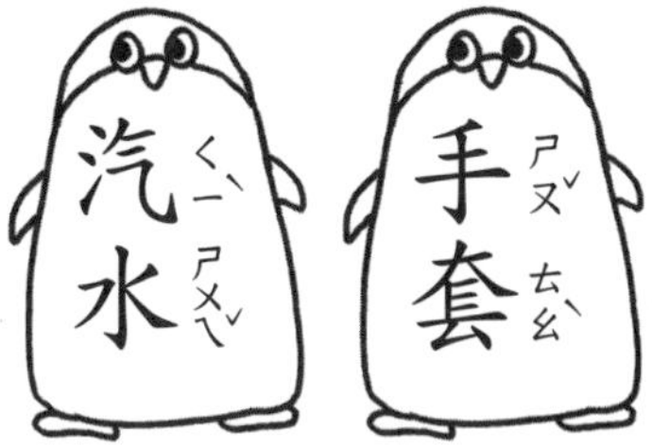

我的表現：☆☆☆☆☆☆☆☆☆☆

今天是　　月　　日，我會說出或寫出一個完整的句子。

＊句子迷宮：請從起點開始，將語詞連成一個完整的句子。走到終點後，記得將完整的句子寫在格子裡。

起點

公園裡

洗澡

有大樹

也有

鉛筆盒

不但

除了要

草地

終點

種菜

小蝦

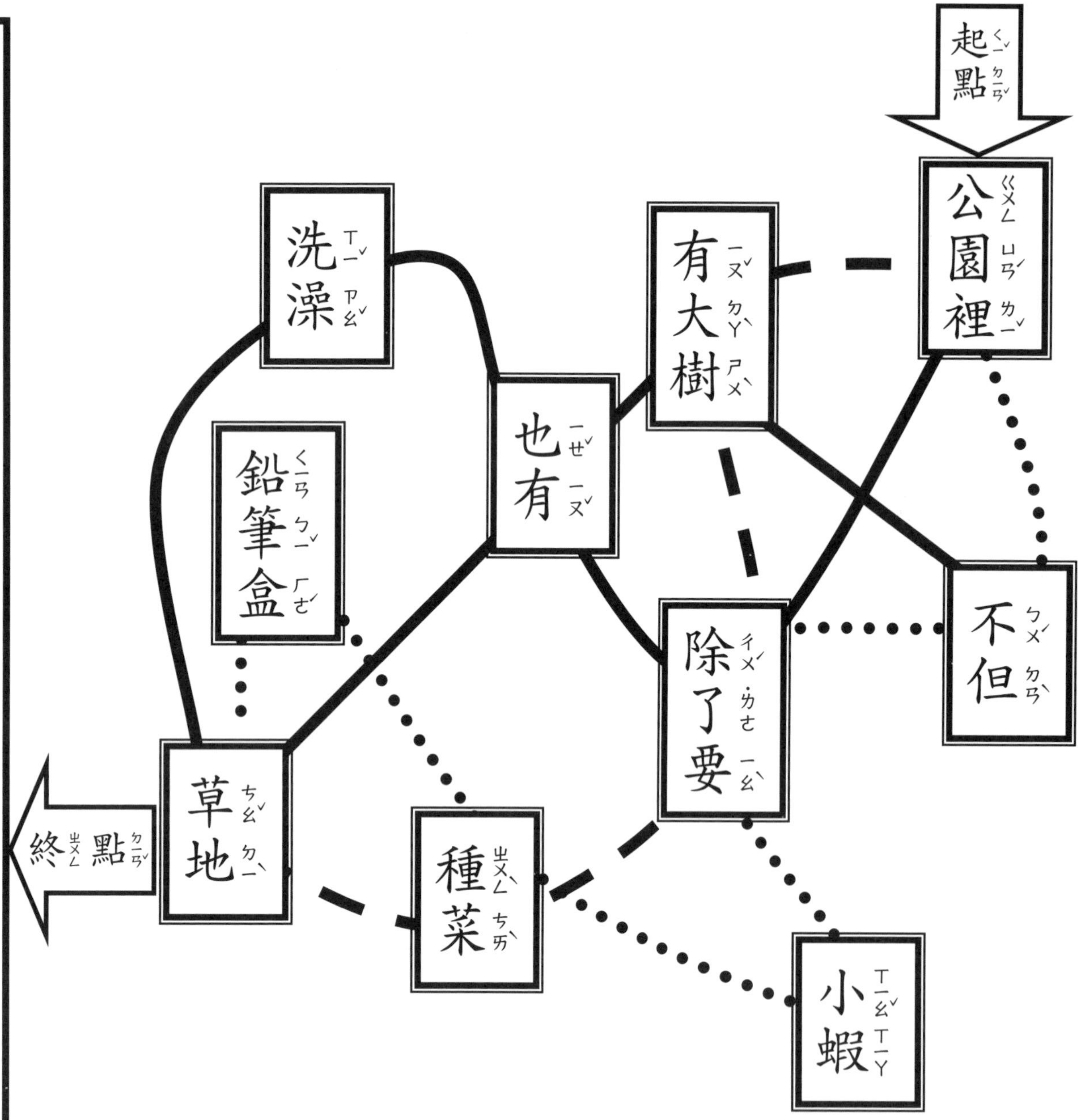

我的表現…☆
☆☆☆
☆☆☆☆
☆☆☆☆☆
☆☆☆☆☆☆
☆

今天是　　月　　日，我會說出或寫出一個完整的句子。

＊組合火車：請將適當的語詞填入火車車廂裡，讓它變成通順的句子！

馬路上

除了有

哥哥

我們

在

車子

吃

還有

不但有

紅綠燈

行人

還是

一下子

我的表現：☆☆☆☆☆☆☆☆☆☆

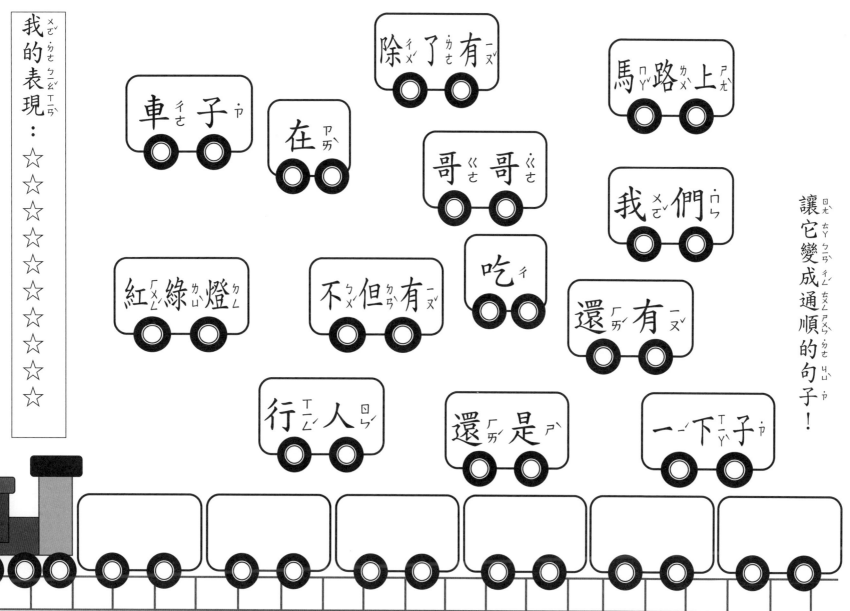

今天是　月　日，我練習了以下這些句子。

✎自我挑戰：請寫出適當的語詞，讓句子唸起來通順。

1. ☐不但有☐，還有☐。

2. ☐不但有☐，還有☐。

3. ☐不但有☐，還有☐。

4. ☐不但有☐，還有☐。

5. ☐不但有☐，還有☐。

我的表現：☆☆☆☆☆☆☆☆☆☆

品格教育學習單 1

＊想想看，你擁有哪些優點？

例句：我不但會唱歌，還會跳舞。

我不但會＿＿＿＿，還會＿＿＿＿＿＿。

我不但會＿＿＿＿，還會＿＿＿＿＿＿。

我不但會＿＿＿＿，還會＿＿＿＿＿＿。

我不但會＿＿＿＿，還會＿＿＿＿＿＿。

我不但會＿＿＿＿，還會＿＿＿＿＿＿。

今天是　　月　　日，我學會欣賞自己的優點。

品格教育學習單 2

*想出好方法：我可以怎麼發揮我的「優點」？

老師提供的好方法：

利用自己畫畫的專長幫忙布置教室。

主動擔任數學小老師，指導學得比較慢的同學。

我的想法：把想到的事情，寫或畫出來吧！

認識並練習「等……早就……」的句子

今天是　月　日，我認識了以下這些句子。

*認識「等……早就……」的句子。

1. 等到爸爸下班，天早就黑了。

2. 等到考試前才讀書，早就來不及了。

3. 等到警察來了，小偷早就跑了。

4. 等媽媽趕到麵包店時，麵包早就賣完了。

5. 等我到車站時，火車早就開走了。

今天是　月　日，我練習了以下這些句子。

＊塗塗看：請將適合句子的語詞塗上顏色。

等到警察來了，小偷早就

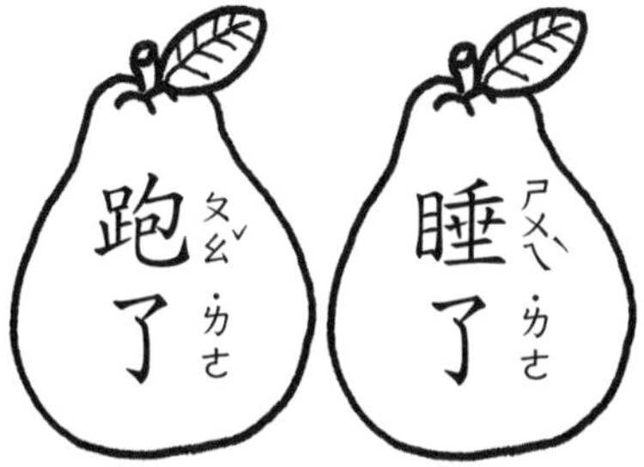

。

等我到車站時，火車早就

。

等到爸爸下班，天早就

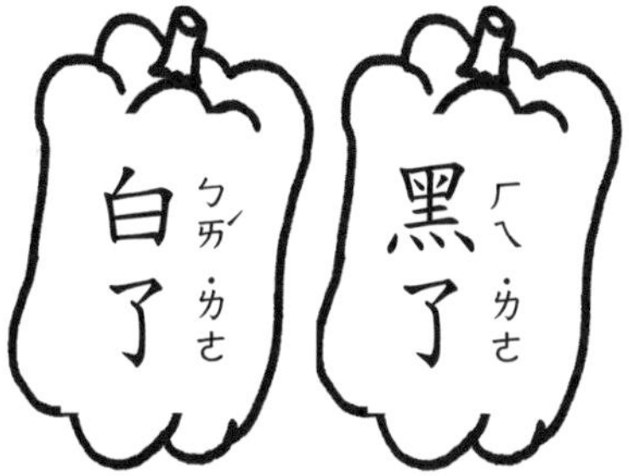

。

等到考試前才讀書，早就

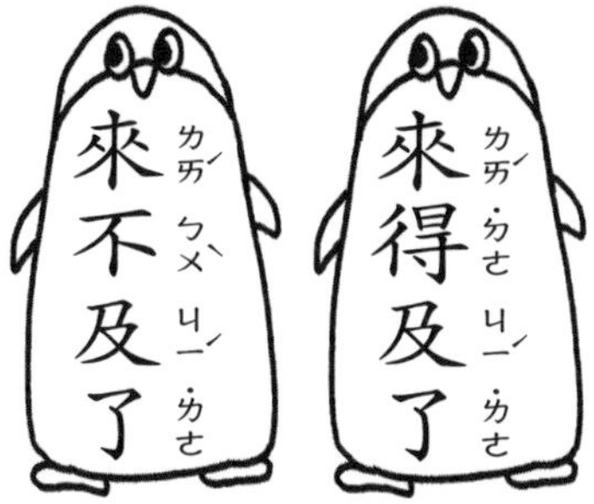

。

我的表現：☆☆☆☆☆☆☆☆☆☆

今天是　月　日，我會說出或寫出一個完整的句子。

*句子迷宮：請從起點開始，將語詞連成一個完整的句子。走到終點後，記得將完整的句子寫在格子裡。

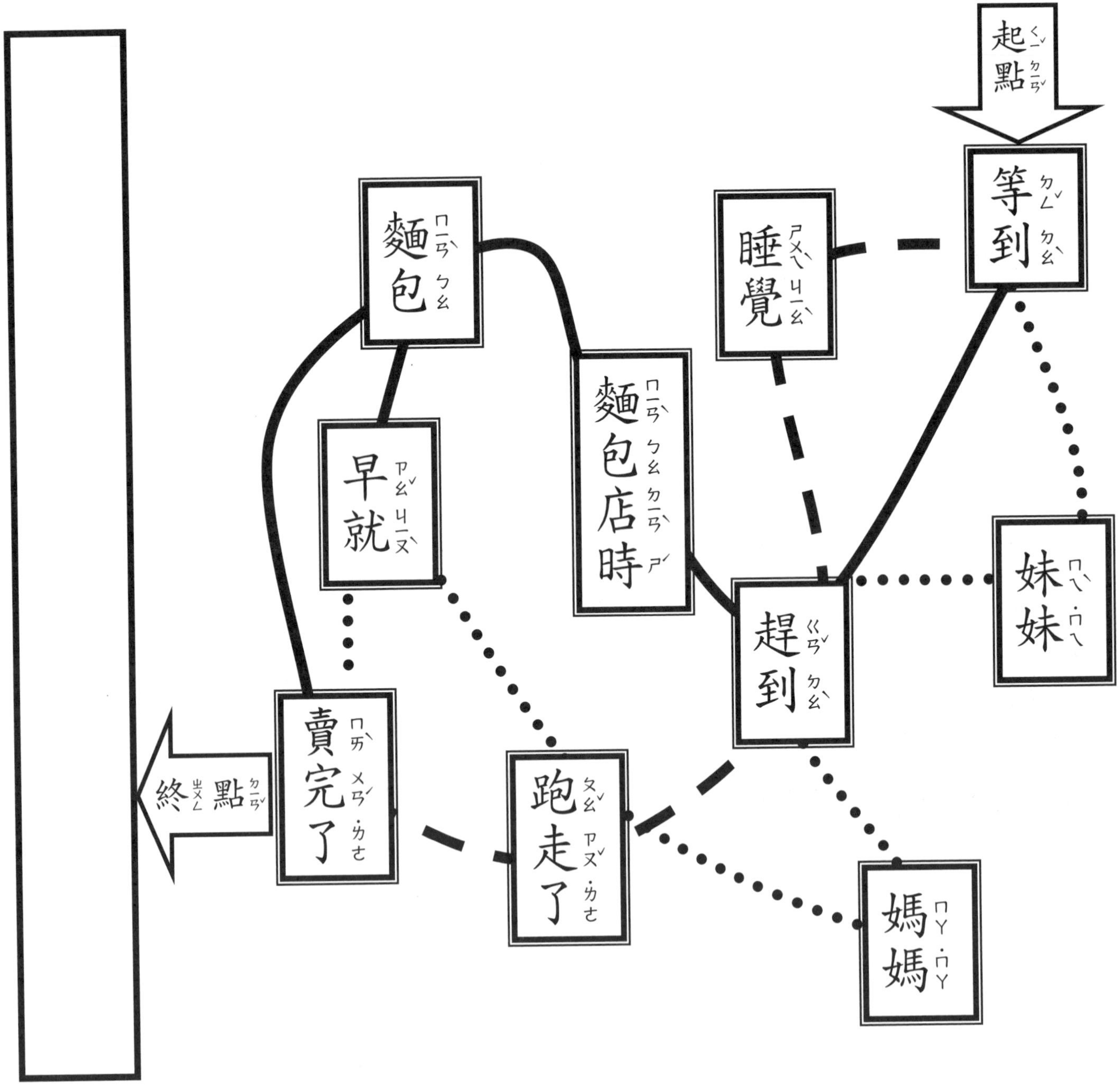

我的表現：☆☆☆☆☆☆☆☆☆☆

今天是　月　日，我會說出或寫出一個完整的句子。

*組合火車：請將適當的語詞填入火車車廂裡，讓它變成通順的句子！

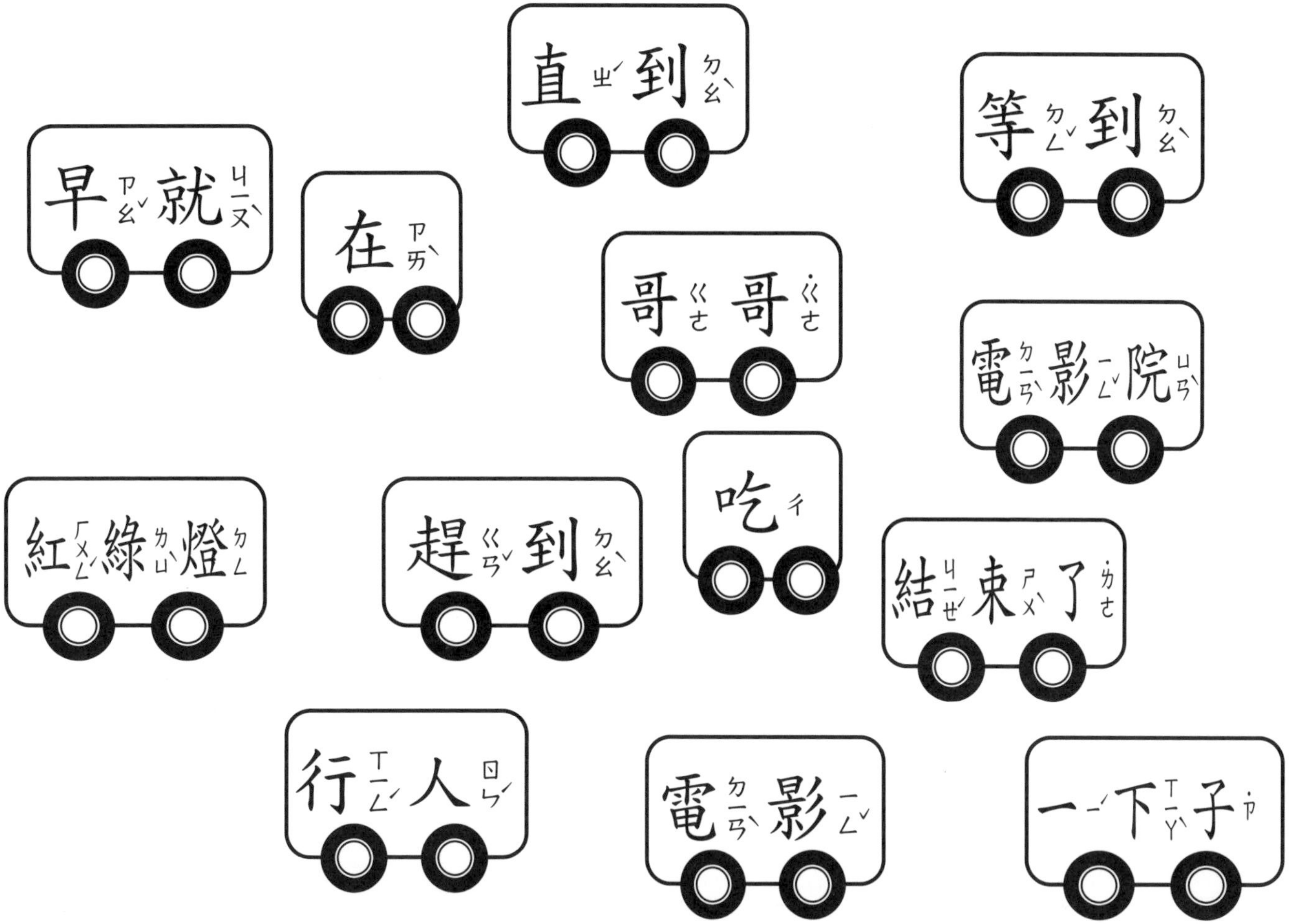

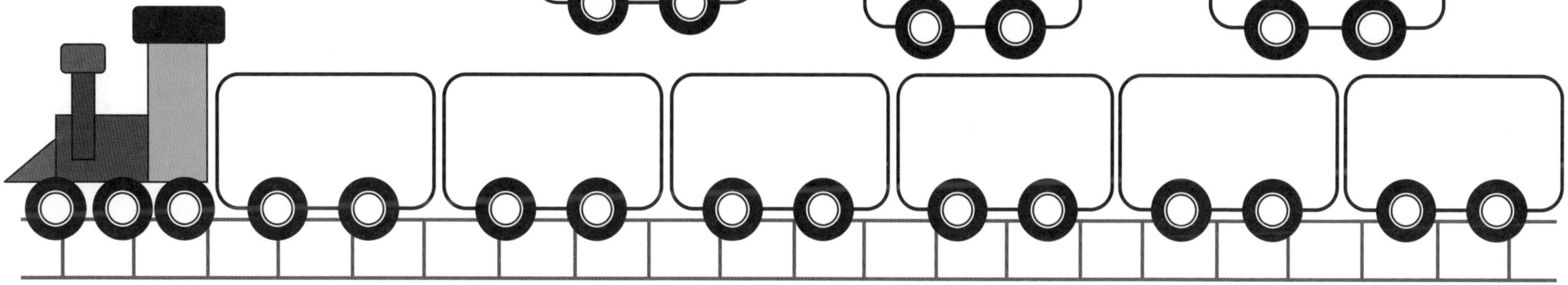

我的表現：

☆
☆
☆
☆
☆
☆
☆
☆
☆
☆

今天是　月　日，我練習了以下這些句子。

自我挑戰：請寫出適當的語詞，讓句子唸起來通順。

1. 等＿＿，早就＿＿。

2. 等＿＿，早就＿＿。

3. 等＿＿，＿＿早就＿＿。

4 等＿＿，＿＿早就＿＿。

5. 等＿＿，＿＿早就＿＿。

我的表現：☆☆☆☆☆☆☆☆☆☆

品格教育學習單 1

*想想看，如果沒有珍惜時間，會錯過什麼事呢？

例句：等到考試前才讀書，早就來不及了。

等到＿＿＿＿＿＿，早就來不及了。

等到＿＿＿＿＿＿，早就來不及了。

等到＿＿＿＿＿＿，早就來不及了。

等到＿＿＿＿＿＿，早就來不及了。

等到＿＿＿＿＿＿，早就來不及了。

今天是　　月　　日，我學會要珍惜時間。

品格教育學習單 2

*想出好方法：我會「珍惜時間」，所以我會怎麼做？

老師提供的好方法：

今日事，今日畢。

每天早自修十分鐘看看書。

我的想法：把想到的事情，寫或畫出來吧！

認識並練習「不管……都……」的句子

今天是　　月　　日，我認識了以下這些句子。

*認識「不管……都……」的句子。

1. 不管晴天還是雨天，爸爸都會去上班。

2. 不管唱歌還是跳舞，妹妹都很喜歡。

3. 不管包子還是漢堡，弟弟都很愛吃。

4. 不管咖啡還是紅茶，奶奶都會煮。

5. 不管機車還是汽車，爸爸都會修理。

今天是　月　日，我練習了以下這些句子。

＊塗塗看：請將適合句子的語詞塗上顏色。

不管唱歌還是跳舞，妹妹都很　　。

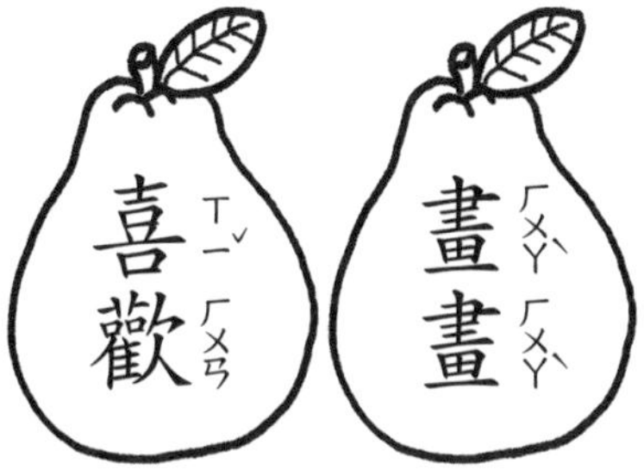

不管包子還是漢堡，弟弟都很　　。

不管咖啡還是紅茶，奶奶都會　　。

不管機車還是汽車，爸爸都會　　。

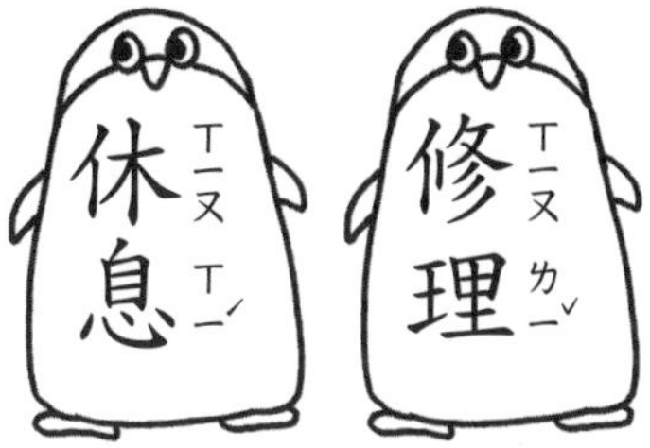

我的表現：☆☆☆☆☆☆☆☆☆☆

今天是　月　日，我會說出或寫出一個完整的句子。

*句子迷宮：請從起點開始，將語詞連成一個完整的句子。走到終點後，記得將完整的句子寫在格子裡。

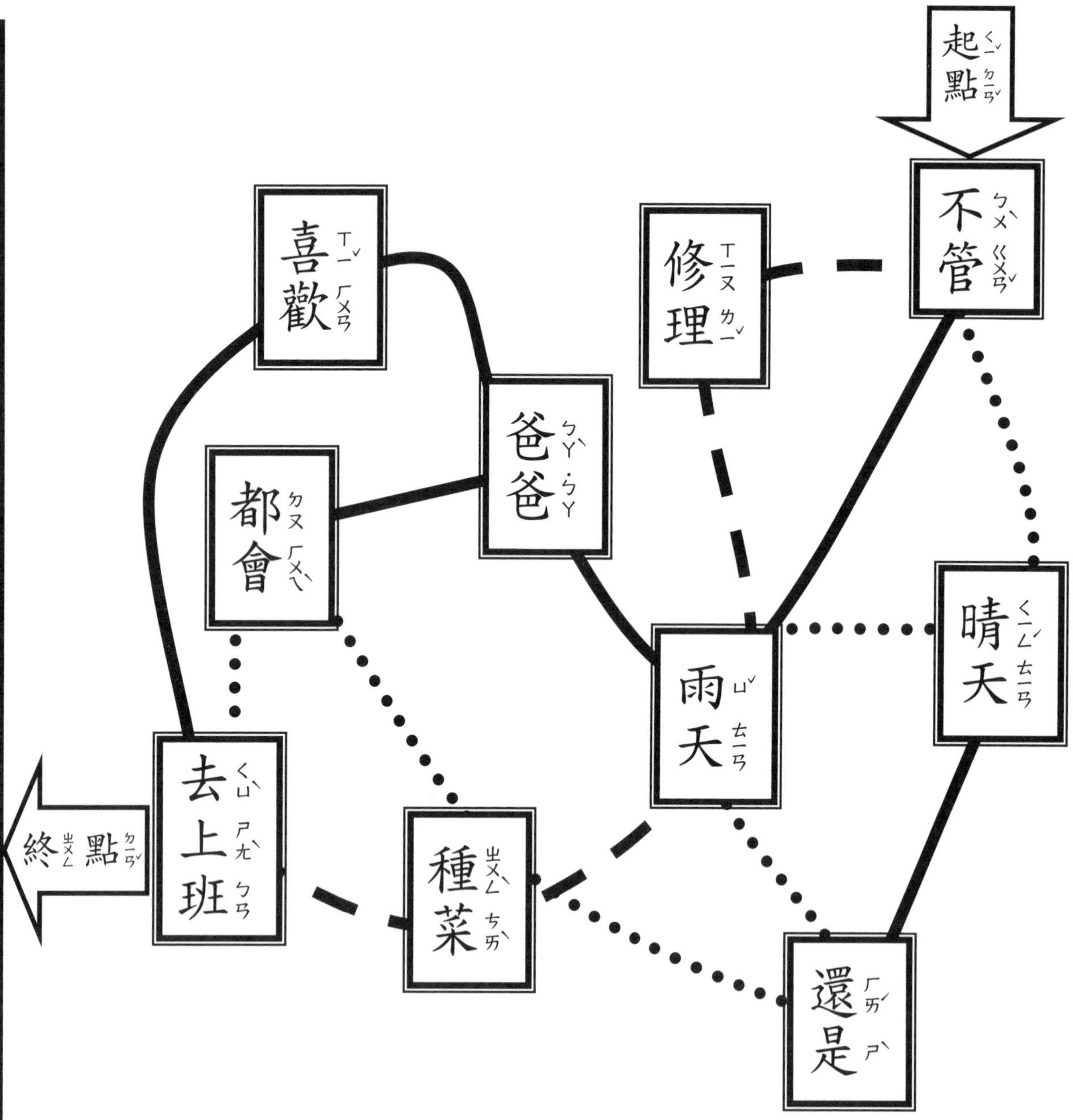

我的表現：☆☆☆☆☆☆☆☆☆☆

今天是　月　日，我會說出或寫出一個完整的句子。

*組合火車：請將適當的語詞填入火車車廂裡，讓它變成通順的句子！

陽春麵

泡麵

車子

在

哥哥

不管

去上班

義大利麵

吃

還是

行人

都很愛吃

一下子

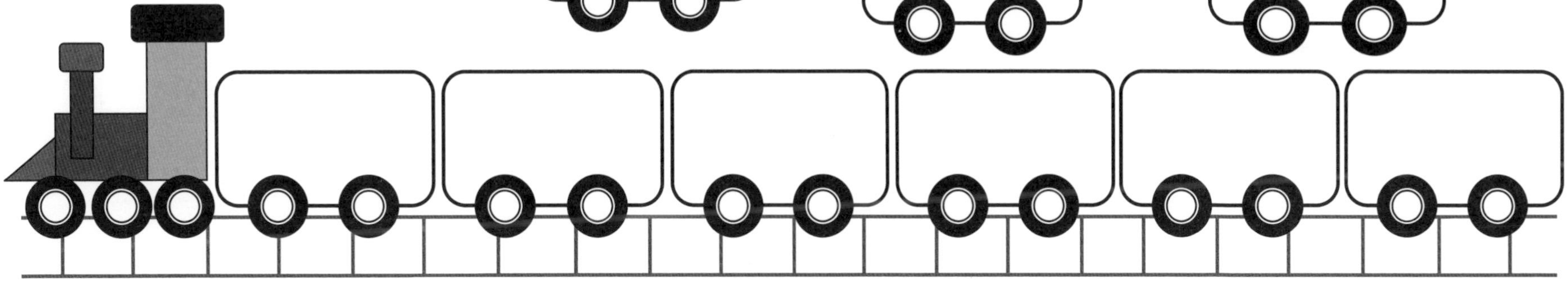

我的表現：☆☆☆☆☆☆☆☆☆☆

今天是　月　日，我練習了以下這些句子。

自我挑戰：請寫出適當的語詞，讓句子唸起來通順。

1. 不管□還是□，爸爸都□。

2. 不管□還是□，弟弟都□。

3. 不管□還是□，妹妹都□。

4. 不管□還是□，老師都□。

5. 不管□還是□，媽媽都□。

我的表現：☆☆☆☆☆☆☆☆☆☆

品格教育學習單 1

＊想想看，不管發生什麼事，你都有把該做的事做好嗎？

例句：不管晴天還是雨天，爸爸都會去上班。

不管＿＿＿＿，我都會幫忙做家事。

不管＿＿＿＿，我都會完成回家作業。

不管＿＿＿＿，我都會＿＿＿＿。

不管＿＿＿＿，我都會＿＿＿＿。

不管＿＿＿＿，我都會＿＿＿＿。

今天是　月　日，我學會了要對自己的工作負責。

品格教育學習單 2

*想出好方法：我「要對自己的工作負責」，所以我會怎麼做？

老師提供的好方法：

我會做好掃地工作。

每天的功課都認真寫完。

我的想法：把想到的事情，寫或畫出來吧！

認識並練習「不只……還……」的句子

今天是　月　日，我認識了以下這些句子。

*認識「不只……還……」的句子。

1. 弟弟不只會彈鋼琴，還會拉小提琴。
2. 媽媽不只會做麵包，還會做蛋糕。
3. 爸爸不只會修水管，還會修電燈。
4. 哥哥不只參加籃球隊，還參加足球隊。
5. 叔叔不只會開卡車，還會開挖土機。

今天是　月　日，我練習了以下這些句子。

＊塗塗看：請將適合句子的語詞塗上顏色。

弟弟不只會彈鋼琴，還會　　　。

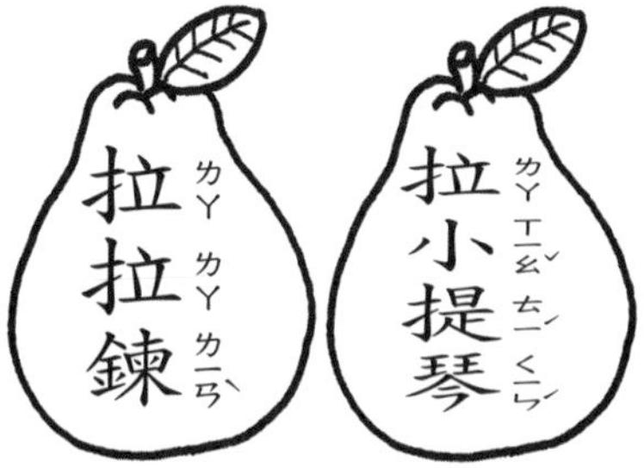

媽媽不只會做麵包，還會做　　　。

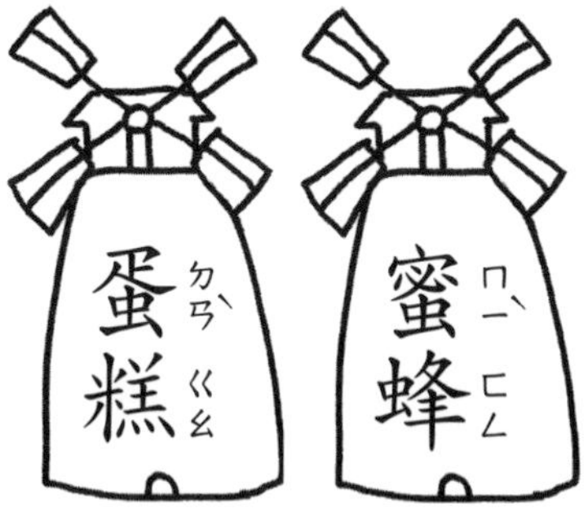

爸爸不只會修　　　，還會修電燈。

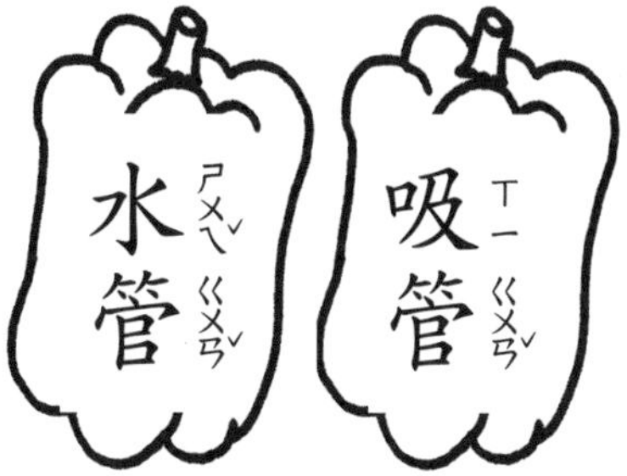

叔叔不只會開卡車，還會開　　　。

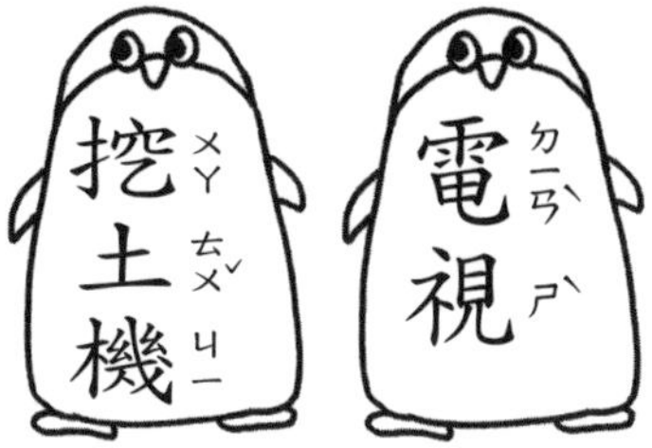

我的表現：☆☆☆☆☆☆☆☆☆☆

今天是 ㄐㄧㄣ ㄊㄧㄢ ㄕ ___ 月 ㄩㄝ ___ 日 ㄖ ，我會說出或寫出一個完整的句子。

＊句子迷宮 ㄐㄩ ㄗˇ ㄇㄧˊ ㄍㄨㄥ ：請從起點開始，將語詞連成一個完整的句子。走到終點後，記得將完整的句子寫在格子裡。

起點 ㄑㄧˇ ㄉㄧㄢˇ

哥哥 ㄍㄜ ˙ㄍㄜ

睡覺 ㄕㄨㄟˋ ㄐㄧㄠˋ

參加 ㄘㄢ ㄐㄧㄚ

還 ㄏㄞˊ

卡車 ㄎㄚˇ ㄔㄜ

籃球隊 ㄌㄢˊ ㄑㄧㄡˊ ㄉㄨㄟˋ

不只 ㄅㄨˋ ㄓˇ

足球隊 ㄗㄨˊ ㄑㄧㄡˊ ㄉㄨㄟˋ

還會 ㄏㄞˊ ㄏㄨㄟˋ

參加 ㄘㄢ ㄐㄧㄚ

終點 ㄓㄨㄥ ㄉㄧㄢˇ

我的表現 ㄨㄛˇ ˙ㄉㄜ ㄅㄧㄠˇ ㄒㄧㄢˋ …☆☆☆☆☆☆☆☆☆☆

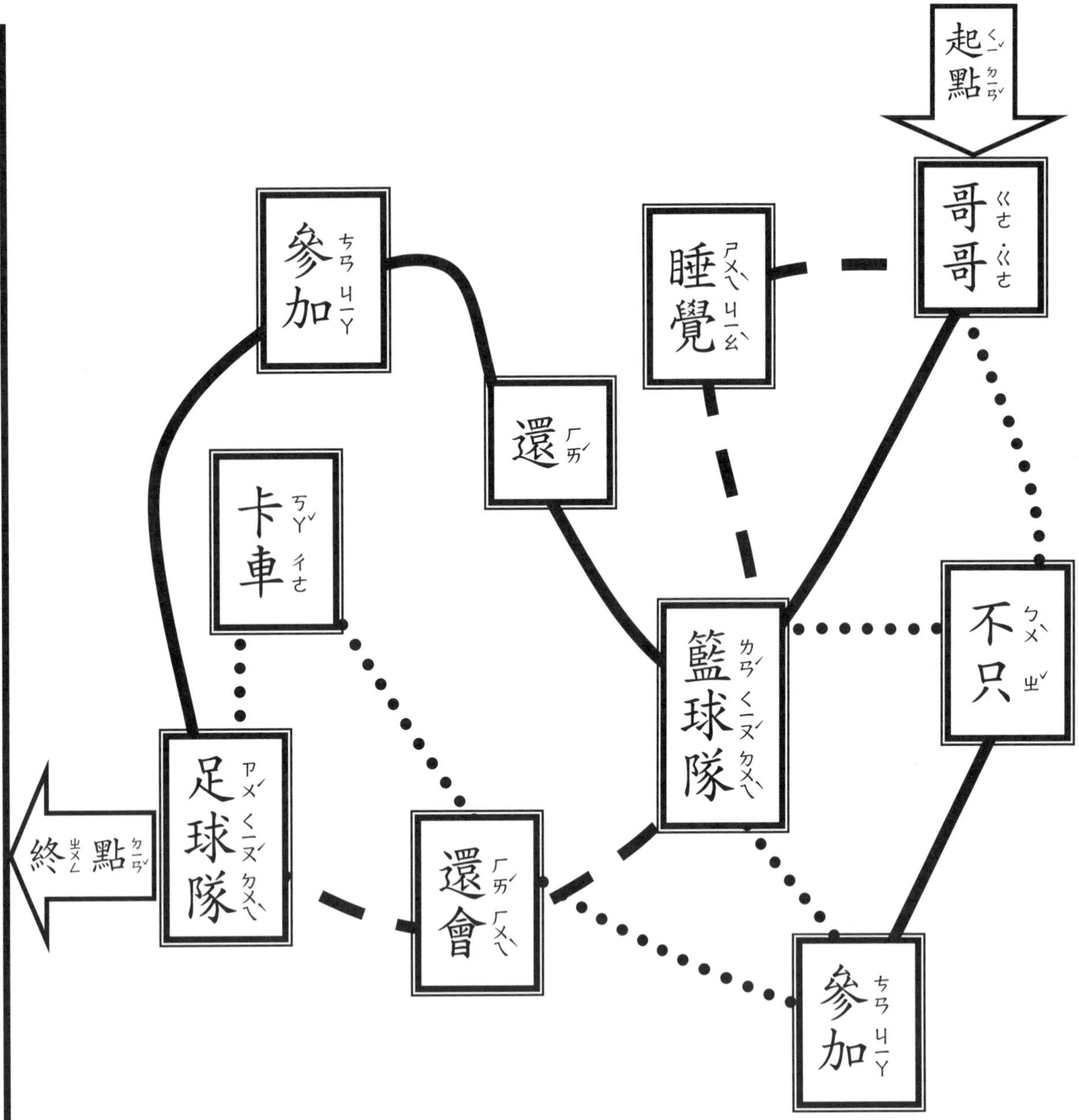

今天是　　月　　日，我會說出或寫出一個完整的句子。

*組合火車：請將適當的語詞填入火車車廂裡，讓它變成通順的句子！

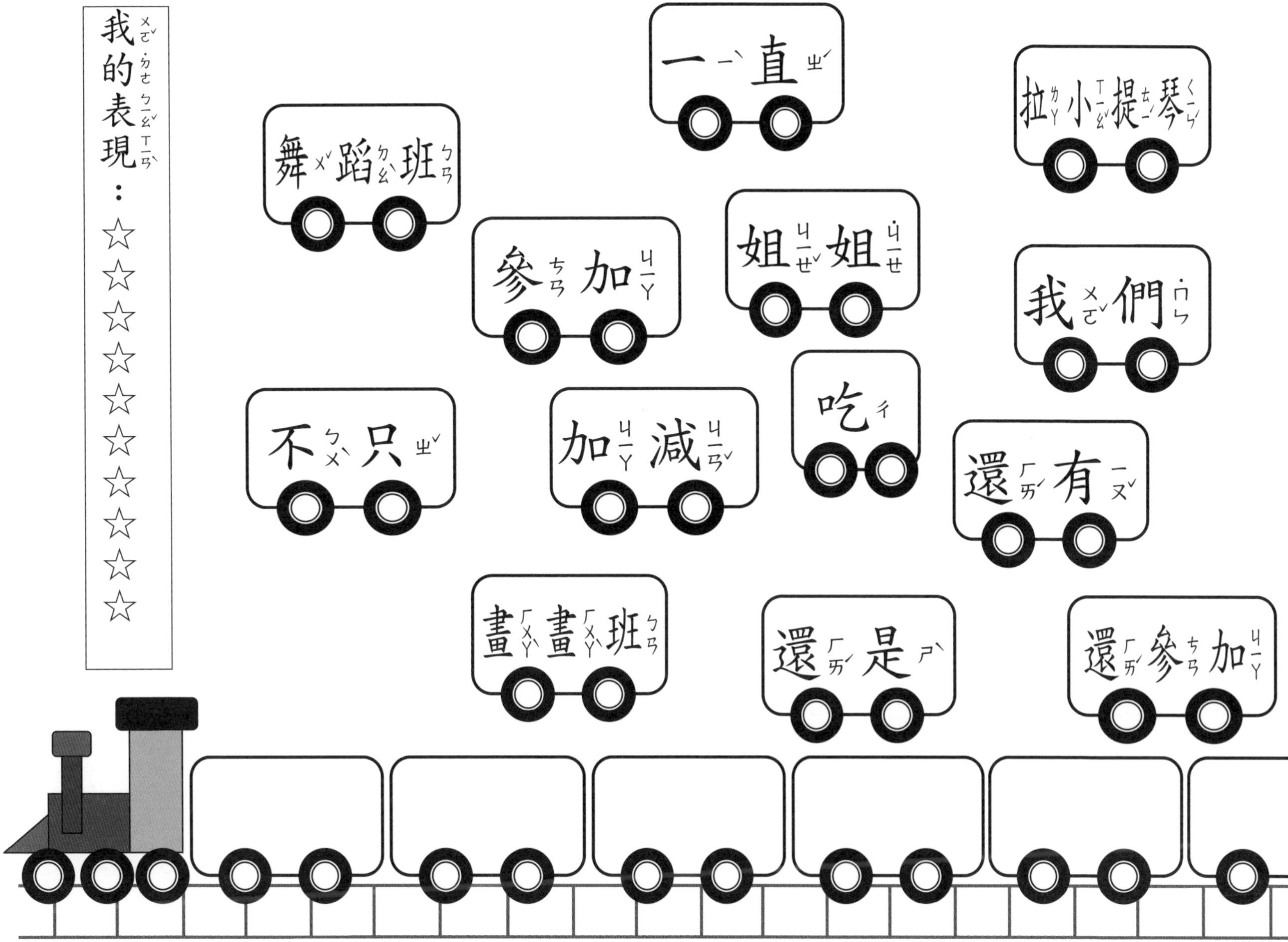

我的表現：

☆☆☆☆☆☆☆☆☆☆

今天是　月　日，我練習了以下這些句子。

自我挑戰：請寫出適當的語詞，讓句子唸起來通順。

1. □不只□，還□。

2. □不只□，還□。

3. □不只□，還□。

4. □不只□，還□。

5. □不只□，還□。

我的表現：☆☆☆☆☆☆☆☆☆☆

品格教育學習單1

*想想看，你有沒有發現他人的優點，而且能欣賞他的優點呢？

例句：弟弟不只會彈鋼琴，還會拉小提琴。

哥哥不只＿＿＿，還＿＿＿。

妹妹不只＿＿＿，還＿＿＿。

小明不只＿＿＿，還＿＿＿。

＿＿＿不只＿＿＿，還＿＿＿。

＿＿＿不只＿＿＿，還＿＿＿。

今天是　　月　　日，我學會了欣賞他人的優點。

品格教育學習單 2

*想出好方法：我會「欣賞他人的優點」，所以我會怎麼做？

老師提供的好方法：

我看到同學有好表現，會為他鼓掌。

我看到同學有好的行為，會跟他學習。

我的想法：把想到的事情，寫或畫出來吧！

認識並練習「雖然……但是……」的句子

今天是　月　日，我認識了以下這些句子。

＊認識「雖然……但是……」的句子。

1. 弟弟雖然年紀小，但是很會做家事。

2. 媽媽雖然工作很多，但是從來不喊累。

3. 小明雖然很聰明，但是上課不專心。

4. 鴕鳥雖然不會飛，但是跑得很快。

5. 爺爺雖然年紀很大，但是身體很健康。

今天是　　月　　日，我練習了以下這些句子。

*塗塗看：請將適合句子的語詞塗上顏色。

弟弟雖然年紀小，但是很會

。

鴕鳥雖然不會飛，但是跑得很

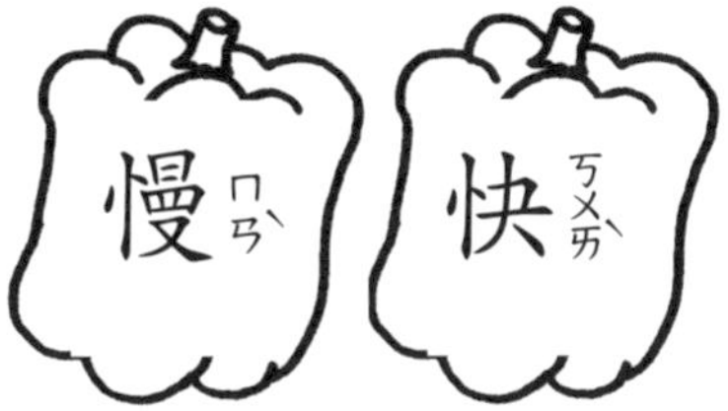。

小明雖然很聰明，但是上課

。

媽媽雖然工作很多，但是從來

。

我的表現：☆☆☆☆☆☆☆☆☆☆

今天是　　月　　日，我會說出或寫出一個完整的句子。

*句子迷宮：請從起點開始，將語詞連成一個完整的句子。走到終點後，記得將完整的句子寫在格子裡。

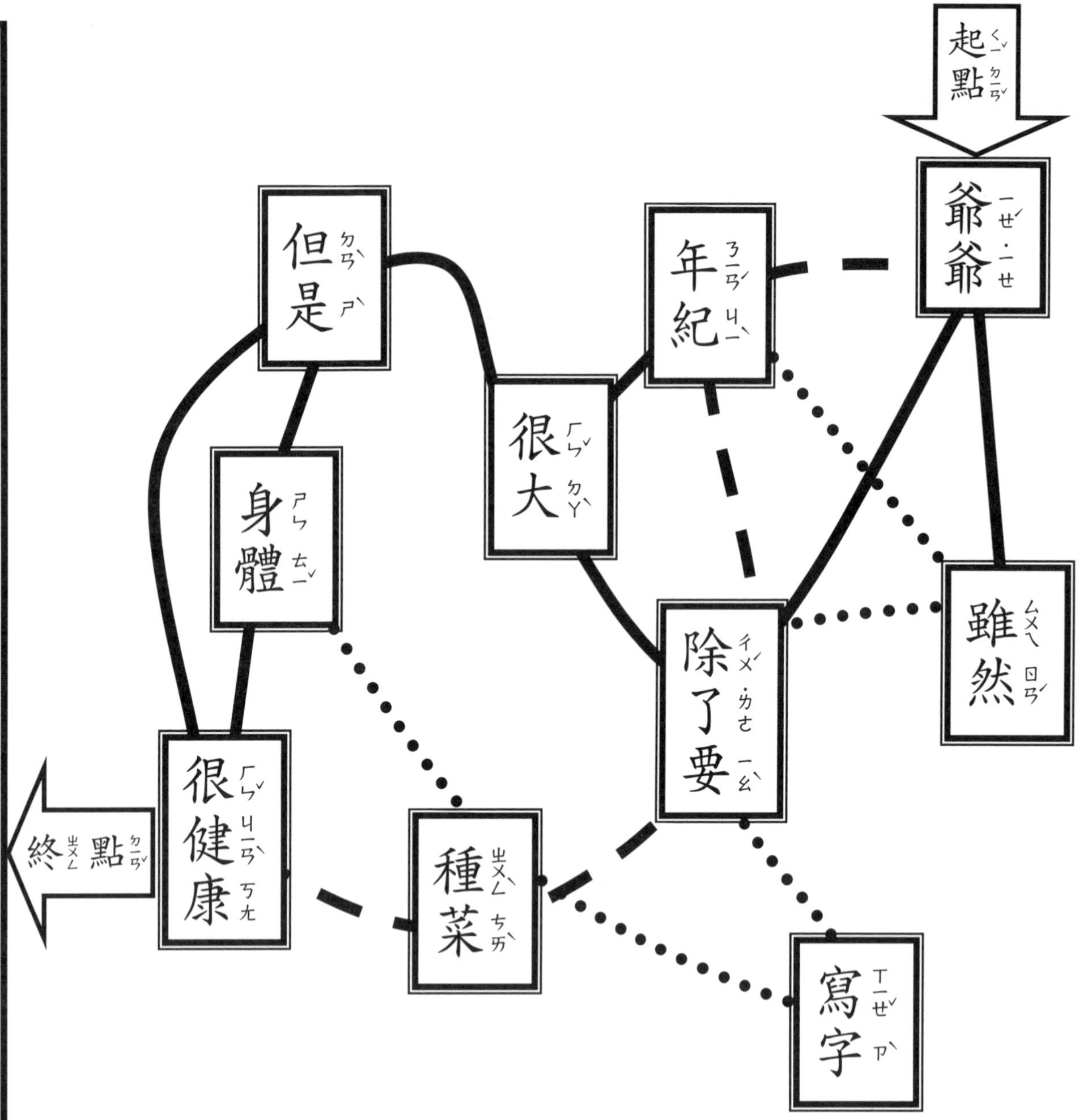

我的表現：☆☆☆☆☆☆☆☆☆☆

今天是 ㄐㄧㄣㄊㄧㄢㄕ　　月 ㄩㄝ　　日 ㄖ，我會說出或寫出一個完整的句子。ㄨㄛˇㄏㄨㄟˋㄕㄨㄛ ㄔㄨ ㄏㄨㄛˋㄒㄧㄝˇ ㄔㄨ ㄧ ㄍㄜ ㄨㄢˊㄓㄥˇㄉㄜ ㄐㄩˋㄗˇ

*組合火車 ㄗㄨˇㄏㄜˊㄏㄨㄛˇㄔㄜ：請將適當的語詞填入火車車廂裡，ㄑㄧㄥˇㄐㄧㄤ ㄕˋㄉㄤ ㄉㄜ ㄩˇㄘˊㄊㄧㄢˊㄖㄨˋㄏㄨㄛˇㄔㄜ ㄔㄜ ㄒㄧㄤ ㄌㄧˇ 讓它變成通順的句子！ㄖㄤˋㄊㄚ ㄅㄧㄢˋㄔㄥˊㄊㄨㄥ ㄕㄨㄣˋㄉㄜ ㄐㄩˋㄗˇ

吃 ㄔ 藥 ㄧㄠˋ

雖 ㄙㄨㄟ 然 ㄖㄢˊ

車 ㄔㄜ 子 ㄗˇ

在 ㄗㄞˋ

哥 ㄍㄜ 哥 ㄍㄜ

看 ㄎㄢˋ 醫 ㄧ 生 ㄕㄥ

不 ㄅㄨˋ 去 ㄑㄩˋ

但 ㄉㄢˋ 是 ㄕˋ

吃 ㄔ

還 ㄏㄞˊ 有 ㄧㄡˇ

行 ㄒㄧㄥˊ 人 ㄖㄣˊ

還 ㄏㄞˊ 是 ㄕˋ

生 ㄕㄥ 病 ㄅㄧㄥˋ 了 ㄌㄜ

我的表現 ㄨㄛˇㄉㄜ ㄅㄧㄠˇㄒㄧㄢˋ：☆☆☆☆☆☆☆☆☆☆

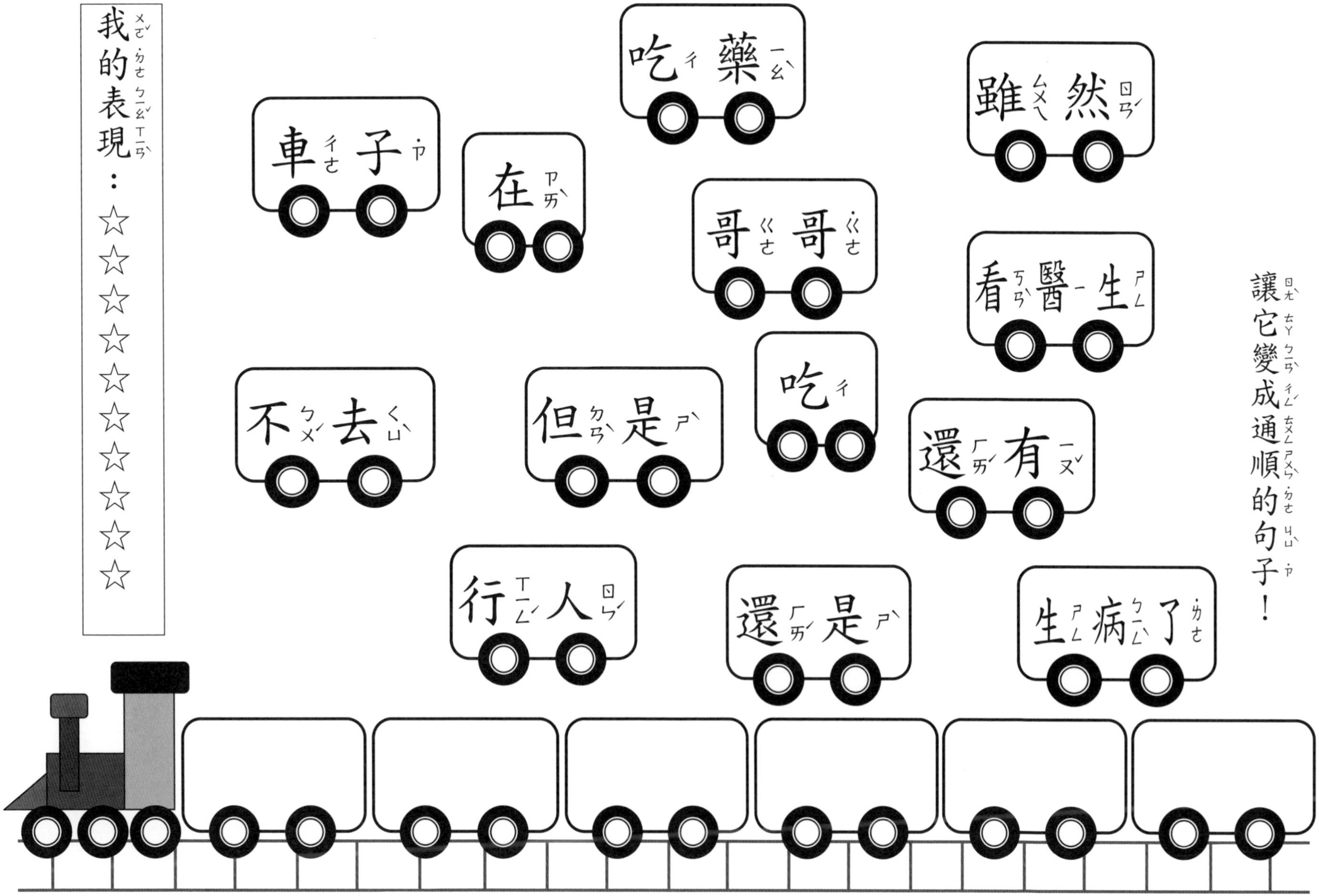

今天是　月　日，我練習了以下這些句子。

自我挑戰：請寫出適當的語詞，讓句子唸起來通順。

1. ＿＿ 雖然 ＿＿，但是 ＿＿。

2. ＿＿ 雖然 ＿＿，但是 ＿＿。

3. ＿＿ 雖然 ＿＿，但是 ＿＿。

4. ＿＿ 雖然 ＿＿，但是 ＿＿。

5. ＿＿ 雖然 ＿＿，但是 ＿＿。

我的表現：☆☆☆☆☆☆☆☆☆☆

品格教育學習單 1

*想想看，你雖然年紀小，但是可以幫忙做哪些事情呢？

例句：我雖然年紀小，但是會幫媽媽按摩。

我雖然年紀小，但是會幫爸爸＿＿＿＿。

我雖然年紀小，但是會幫老師＿＿＿＿。

我雖然年紀小，但是會幫＿＿＿＿。

我雖然年紀小，但是會幫＿＿＿＿。

我雖然年紀小，但是會幫＿＿＿＿。

今天是　　月　　日，我學會了幫助他人。

品格教育學習單2

*想出好方法：我會「幫助他人」，所以我會怎麼做？

♥老師提供的好方法：

我會幫低年級的學生搬餐具。

我會幫老師發聯絡簿。

我的想法：把想到的事情，寫或畫出來吧！

認識並練習「先……再……最後……」的句子

今天是　月　日，我認識了以下這些句子。

*認識「先……再……最後……」的句子。

1. 弟弟先刷牙再洗臉，最後才吃早餐。
2. 媽媽先買菜再洗菜，最後才煮菜。
3. 我先寫功課再運動，最後才吃晚飯。
4. 哥哥先掃地再拖地，最後才擦窗戶。
5. 我們先逛街再吃飯，最後才看電影。

今天是　月　日，我練習了以下這些句子。

＊塗塗看：請將適合句子的語詞塗上顏色。

媽媽先買菜再洗菜，最後才　　。

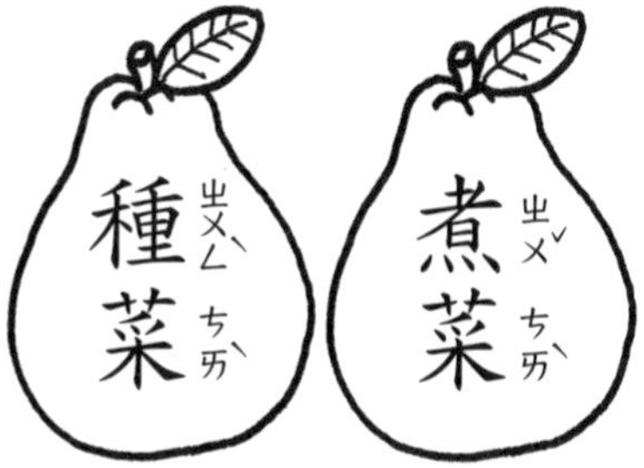

哥哥先

再拖地，最後才擦窗戶。

我先寫功課再運動，最後才　　。

弟弟先刷牙再洗臉，最後才　　。

我的表現：☆☆☆☆☆☆☆☆☆☆

今天是　月　日，我會說出或寫出一個完整的句子。

*句子迷宮：請從起點開始，將語詞連成一個完整的句子。走到終點後，記得將完整的句子寫在格子裡。

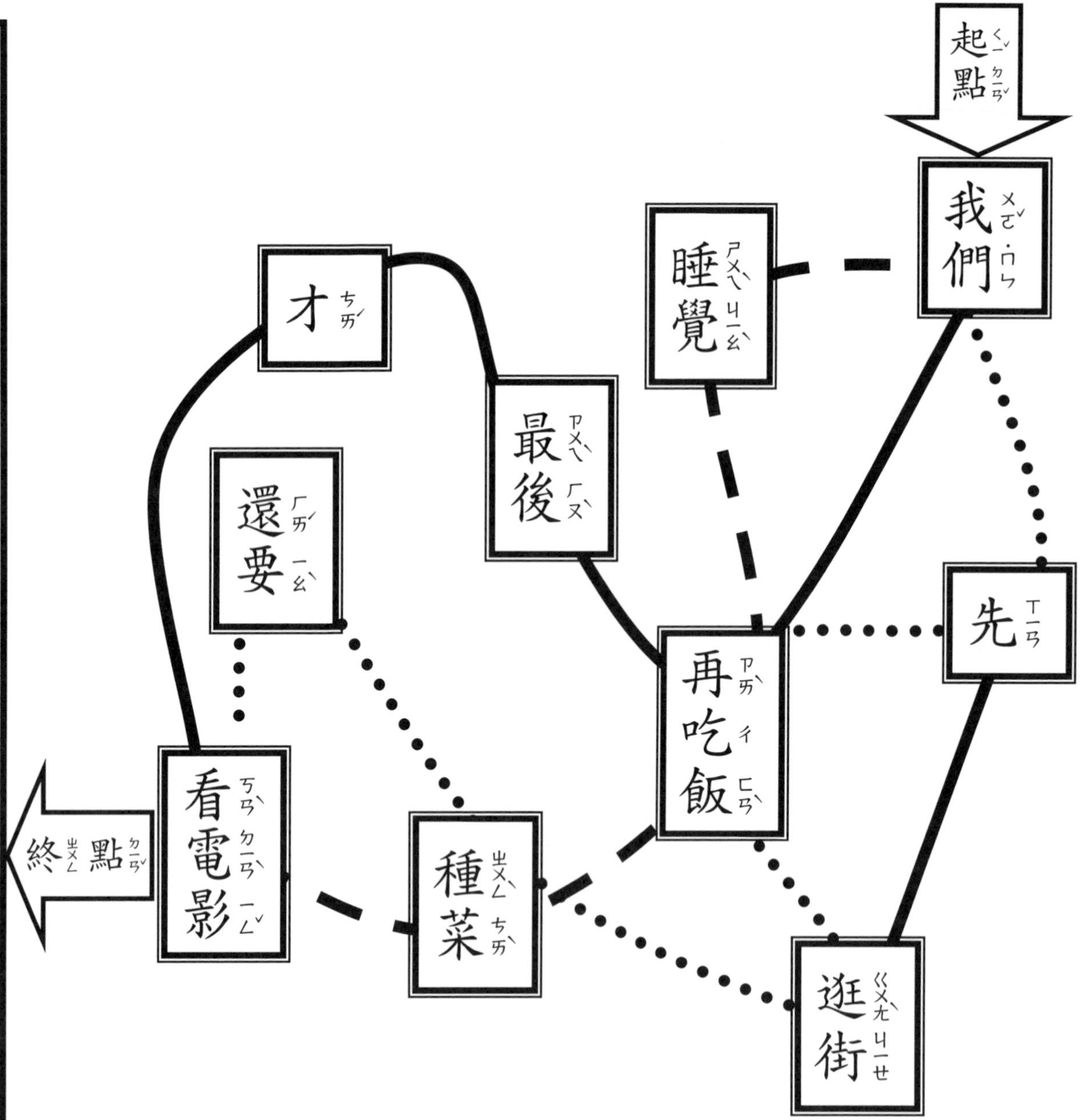

我的表現：☆☆☆☆☆☆☆☆☆☆

今天是　月　日，我會說出或寫出一個完整的句子。

*組合火車：請將適當的語詞填入火車車廂裡，讓它變成通順的句子！

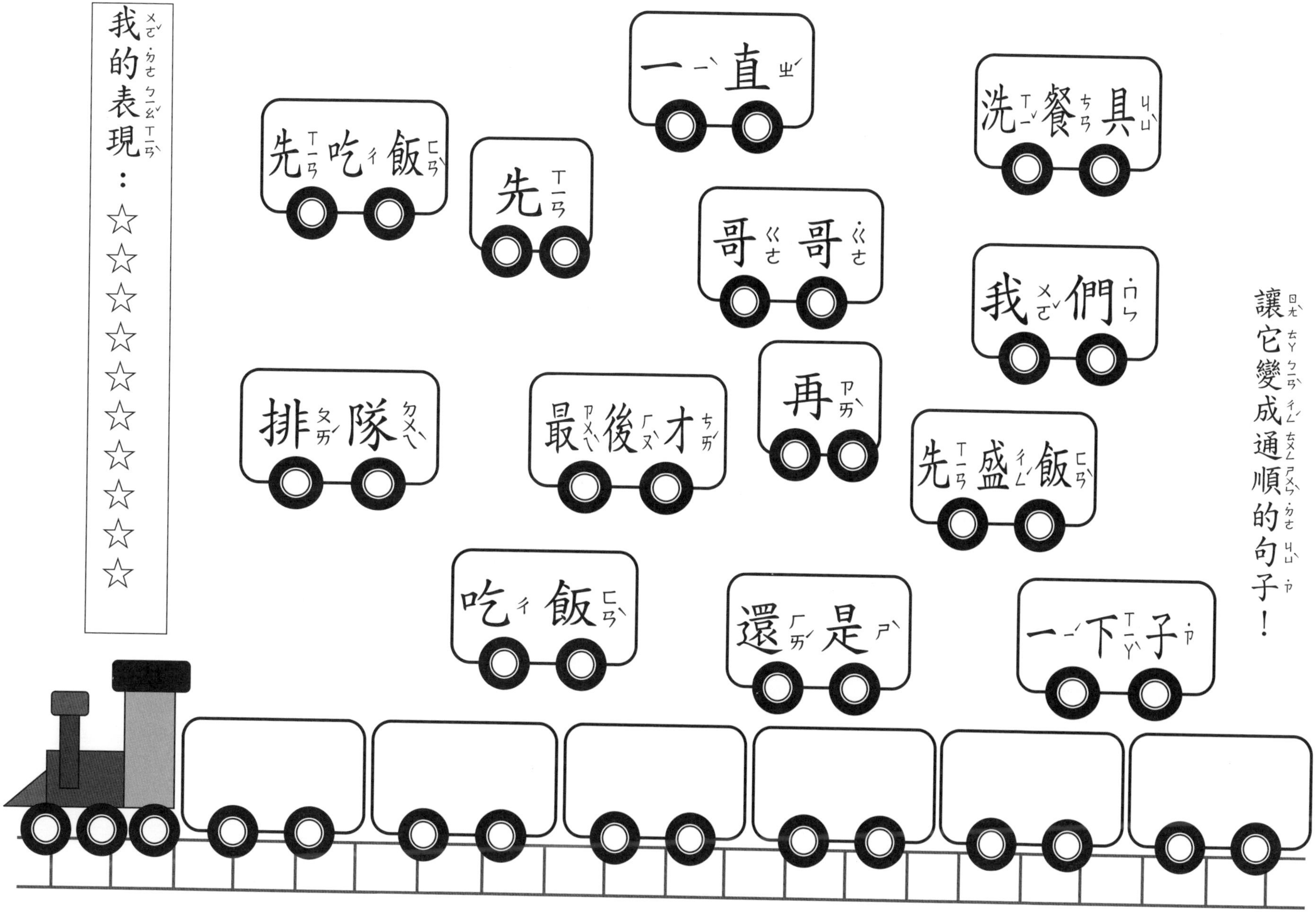

我的表現：

☆☆☆☆☆☆☆☆☆☆

今天是　月　日，我練習了以下這些句子。

自我挑戰：請寫出適當的語詞，讓句子唸起來通順。

1. ＿＿先＿＿再＿＿，最後＿＿。

2. ＿＿先＿＿再＿＿，最後＿＿。

3. ＿＿先＿＿再＿＿，最後＿＿。

4. ＿＿先＿＿再＿＿，最後＿＿。

5. ＿＿先＿＿再＿＿，最後＿＿。

我的表現：☆☆☆☆☆☆☆☆☆☆

品格教育學習單 1

*想想看，你平常怎麼安排做事情的先後順序呢？

例句：我先寫功課再運動，最後才吃晚飯。

我先＿＿再＿＿，最後再上床睡覺。

我先＿＿再＿＿，最後再出門上學。

我先＿＿再＿＿，最後＿＿。

我先＿＿再＿＿，最後＿＿。

我先＿＿再＿＿，最後＿＿。

今天是　月　日，我學會了如何規畫時間。

品格教育學習單 2

*想出好方法：我會「規畫時間」，所以我會怎麼做？

老師提供的好方法：

我會安排假日全家出遊的行程。

我會規畫考試前如何複習功課。

我的想法：把想到的事情，寫或畫出來吧！

認識並練習「原來……是……」的句子

今天是　月　日，我認識了以下這些句子。

＊認識「原來……是……」的句子。

1. 原來弟弟最喜歡的運動，是跑步。

2. 原來姐姐喜歡吃的，是媽媽煮的菜。

3. 原來妹妹的生日禮物，是一件洋裝。

4. 原來小華畫的圖，是一幅水彩畫。

5. 原來小凱最喜歡的玩具，是積木。

今天是　月　日，我練習了以下這些句子。

*塗塗看：請將適合句子的語詞塗上顏色。

原來弟弟最喜歡的運動，是

。

原來妹妹的

，是一件洋裝。

原來小華畫的圖，是一幅

。

原來小凱最喜歡的玩具，是

。

我的表現：☆☆☆☆☆☆☆☆☆

今天是　　月　　日，我會說出或寫出一個完整的句子。

*句子迷宮：請從起點開始，將語詞連成一個完整的句子。走到終點後，記得將完整的句子寫在格子裡。

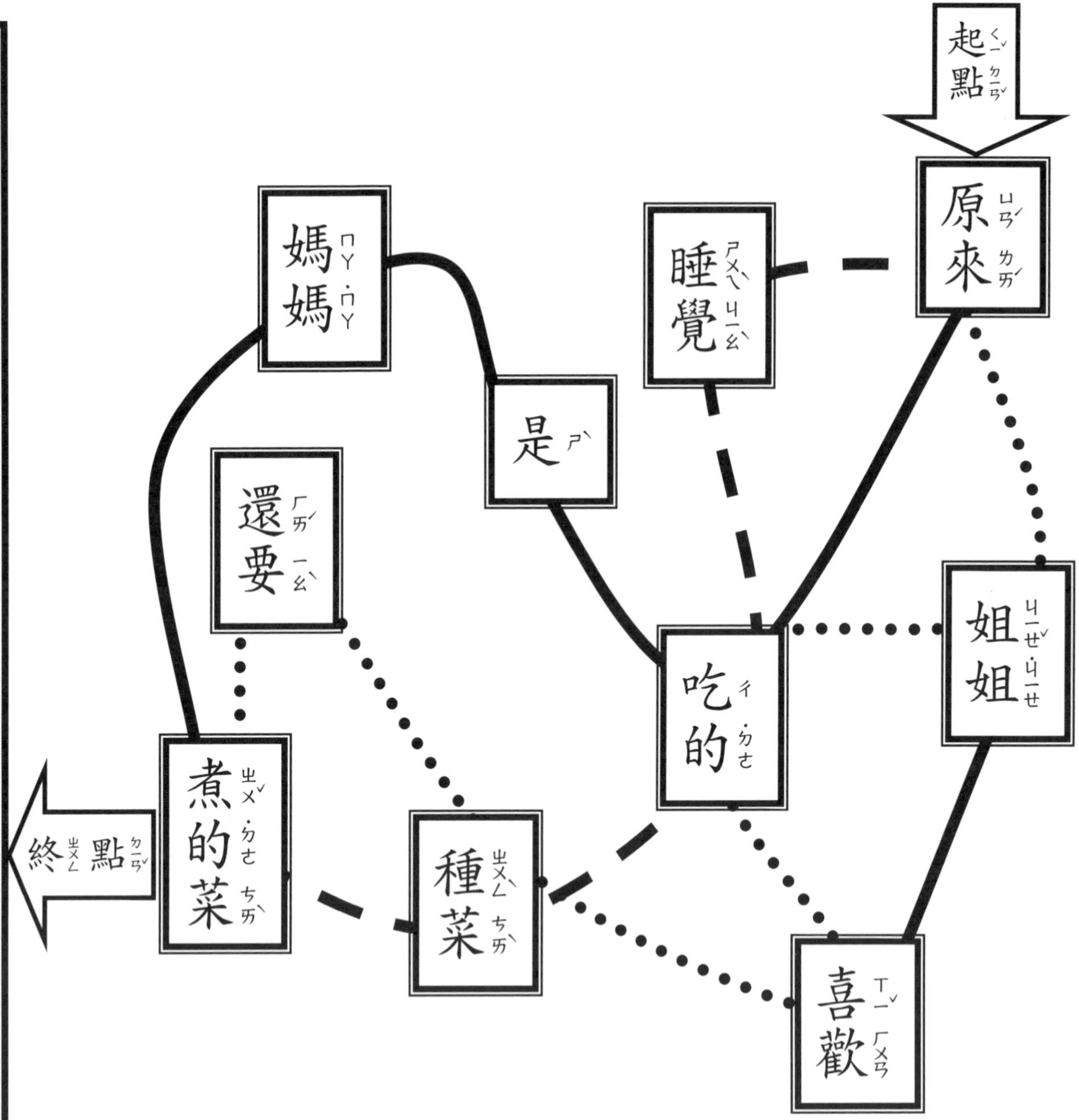

我的表現：☆☆☆☆☆☆☆☆☆☆

今天是　月　日，我會說出或寫出一個完整的句子。

＊組合火車：請將適當的語詞填入火車車廂裡，讓它變成通順的句子！

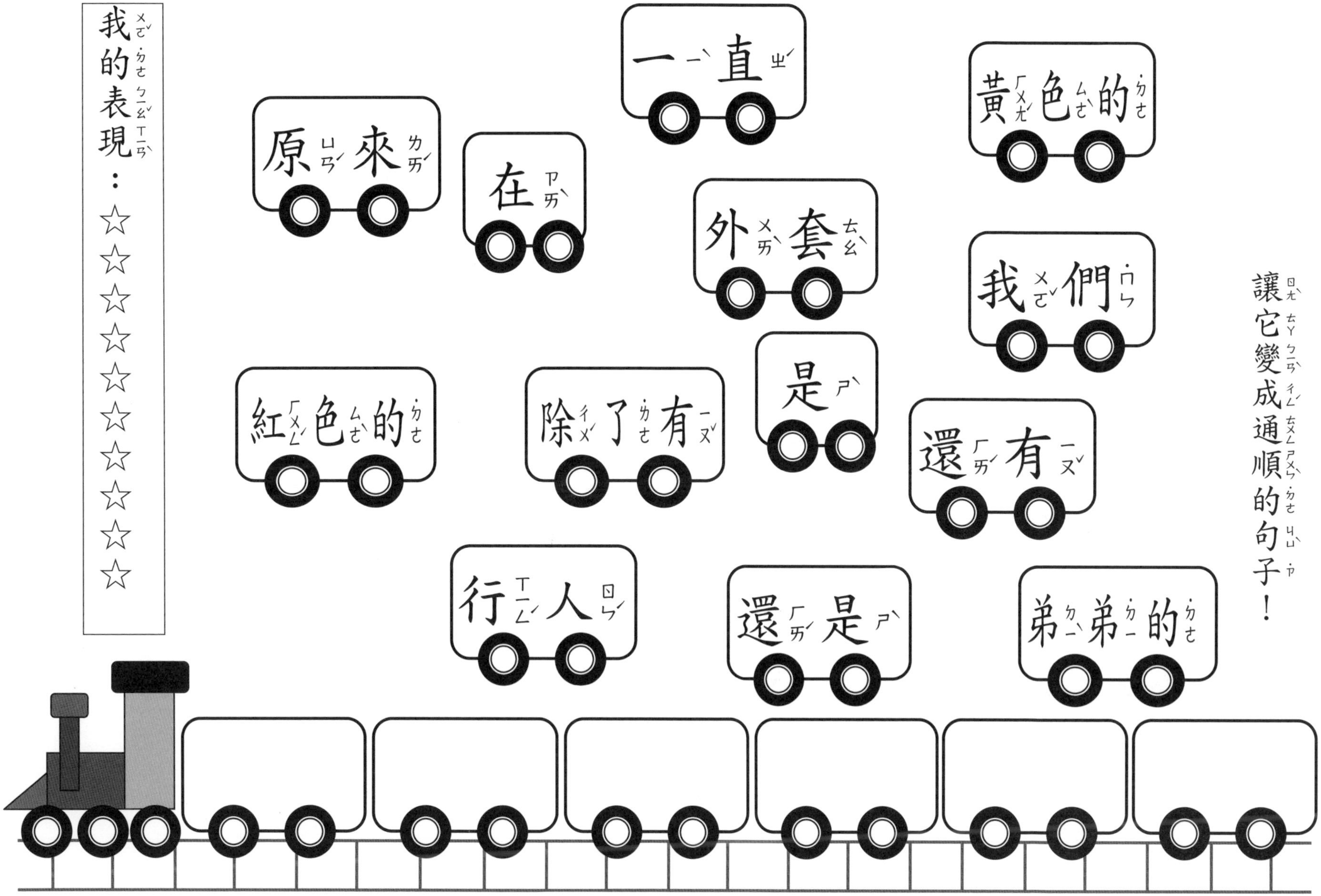

我的表現：
☆☆☆☆☆☆☆☆☆☆

今天是　月　日，我練習了以下這些句子。

自我挑戰：請寫出適當的語詞，讓句子唸起來通順。

1. 原來＿＿＿＿，是＿＿＿＿。

2. 原來＿＿＿＿，是＿＿＿＿。

3. 原來＿＿＿＿，是＿＿＿＿。

4. 原來＿＿＿＿，是＿＿＿＿。

5. 原來＿＿＿＿，是＿＿＿＿。

我的表現：☆☆☆☆☆☆☆☆☆☆

品格教育學習單 1

*想想看，你認真觀察後，發現了什麼原來是你所不知道的事情呢？

例句：原來弟弟最喜歡的運動，是跑步。

原來媽媽最喜歡的食物，是＿＿＿＿。

原來爸爸最喜歡的水果，是＿＿＿＿。

原來老師最喜歡的點心，是＿＿＿＿。

原來哥哥最喜歡的運動，是＿＿＿＿。

原來奶奶最喜歡的花，是＿＿＿＿。

今天是＿＿月＿＿日，我學會了關心別人。

品格教育學習單 2

*想出好方法：我會「關心別人」，所以我會怎麼做？

老師提供的好方法：

我看到同學心情不好，會安慰他。

我看到同學跌倒了，會問他需不需要幫忙。

我的想法：把想到的事情，寫或畫出來吧！

筆記欄

筆記欄

筆記欄

國家圖書館出版品預行編目（CIP）資料

聚一句：我的造句遊戲書／孟瑛如等著.
--二版.—新北市：心理, 2017.02
冊；　公分.--（桌上遊戲系列；72195-）
ISBN 978-986-191-755-9（第 1 冊：平裝）.--
ISBN 978-986-191-756-6（第 2 冊：平裝）

1. 漢語教學 2.句法 3.小學教學

523.31　　　106000912

桌上遊戲系列 72196

聚一句：我的造句遊戲書（第二冊）
（第二版）

作　　者：孟瑛如、郭興昌、鄭雅婷、吳登凱、張麗琴
總 編 輯：林敬堯
發 行 人：洪有義
出 版 者：心理出版社股份有限公司
地　　址：231 新北市新店區光明街 288 號 7 樓
電　　話：(02) 29150566
傳　　真：(02) 29152928
郵撥帳號：19293172　心理出版社股份有限公司
網　　址：http://www.psy.com.tw
電子信箱：psychoco@ms15.hinet.net
駐美代表：Lisa Wu（lisawu99@optonline.net）
排 版 者：辰皓國際出版製作有限公司
印 刷 者：辰皓國際出版製作有限公司
初版一刷：2015 年 9 月
二版一刷：2017 年 2 月
二版二刷：2019 年 7 月
I S B N：978-986-191-756-6
定　　價：新台幣 180 元